D1666544

Alexander P. Letzsch

NULL STEUERN DURCH AUSWANDERN?

DAS IST DER PREIS, DEN SIE DAFÜR ZAHLEN MÜSSEN.

Sind Nachbars Wiesen wirklich grüner? Praktische Hinweise und Überlegungen zum Auswandern für Private und Unternehmer im 21. Jahrhundert.

Impressum

Bibliografische Information der Deutschen Nationalbibliothek:
Die Deutsche Nationalbibliothek verzeichnet diese Publikation in der Deutschen Nationalbibliografie; detaillierte bibliografische Daten sind im Internet über http://dnb.dnb.de abrufbar.

© 2025 Alexander P. Letzsch, ass.iur., eMBA (HEC Paris)
email: kontakt@letzsch.info Website: www.letzsch.info

Für das Nachwort: Dr. Jochen König, Institut für Weisheitsliebe, Heidelberg

Verlag: BoD · Books on Demand GmbH, In de Tarpen 42, 22848 Norderstedt, bod@bod.de
Druck: Libri Plureos GmbH, Friedensallee 273, 22763 Hamburg

1.Auflage, Stand Februar 2025

ISBN: 978-3-7597-6841-4

Für meine Frau, die Liebe meines Lebens.

Inhaltsverzeichnis

Disclaimer/ rechtliche Hinweise:

Dieses Buch und die darin enthaltenen Ausführungen sollen in keinem Fall eine rechtliche oder steuerliche Beratung darstellen, noch können die hier dargestellten Sachverhalte und Beispiele ohne fachgerechte Prüfung durch einen Steuerfachmann oder einen Rechtsanwalt einfach übernommen werden. Eine Auswanderung und die damit verbundenen Vorhaben sollten Sie im Vorfeld immer mit Fachleuten prüfen und sich entsprechend beraten lassen.

Für alle Zahlen und Berechnungen gilt:

trotz sorgfältigster Prüfung können wir nicht ausschließen, dass sich Fehler oder Irrtümer eingeschlichen haben. Insofern muss jede Haftung hierfür ausgenommen werden.

Ebenso unterliegt die Gesetzgebung in jedem Land Änderungen, die teilweise sehr schnell eingeführt werden. Dann kann es sein, dass Ausführungen aus diesem Buch bereits wieder überholt sind. Der Bearbeitungsstand ist Ende Januar 2025.

Alle Berechnungen sind grundsätzlich nur zur Erläuterung erstellt und absichtlich auch in den wenigsten Fällen mit Bezug zu einem bestimmten Land erstellt worden. Diese Berechnungen sind für die in Frage stehenden Länder jeweils selbst im Einzelfall zu erstellen.

Zur besseren Lesbarkeit wird in diesem Buch das generische Maskulinum verwendet. Die in dieser Arbeit verwendeten Personenbezeichnungen beziehen sich – sofern nicht anders kenntlich gemacht – auf alle Geschlechter.

Einführung

Viele Menschen träumen davon, in einem anderen Land zu leben. Nur wenige setzen dies am Ende auch um.

Was sind die Gründe dafür, woran hakt es?

Seit über 25 Jahren berät der Autor Klienten in Fragen der Migration. Dabei hat sich herausgestellt, dass lediglich nur 10 % aller Anfragenden am Ende auch den Schritt in ein anderes Land umsetzen können oder wollen.

In den meisten anderen Fällen liegt es daran, dass die Lebenssituation der Menschen nicht dazu geeignet ist, so einfach aus einem Land in ein anderes umzuziehen.

Es gibt sogar Menschen, die träumen davon in keinem Land - oder in einem nicht mehr als drei Monate pro Jahr - zu wohnen. Meist ist dies von dem Wunsch getragen, überhaupt keine Steuern mehr zu zahlen. Denn sie folgen einer Überlegung, wonach niemand in einem Land steuerlich ansässig werden soll, wenn er sich dort nur für drei Monate aufhält. Dies folgt dem Gedanken des Touristenvisums.

Ob dies so richtig ist, müssen Fachleute im Einzelfall im Bezug zu dem jeweiligen Land prüfen. Das bedeutet aber für den Betroffenen erhöhten Stress. Entweder muss er alle drei Monate umziehen und sich eine neue Bleibe suchen oder er hat gar Wohnungen in mindestens vier verschiedenen Ländern der Welt inne.

Damit beginnt aber schon das Problem, jede Wohnung, soweit er jederzeit darüber verfügen kann, kann ein sogenannter steuerlicher Anknüpfungspunkt sein[1]. Ob damit dann die gewünschte steuerliche Freiheit am Ende erreicht wird, mag dahingestellt sein. Es dürfte wohl eher so sein, dass diese Person sich mit vier verschiedenen Steuerbehörden in am besten noch vier verschiedenen Sprachen und Kulturkreisen auseinandersetzen „darf".

Ein ganz anderer Ansatz ist sicherlich das Wohnschiff MS The World[2]: Dieses wurde im Jahre 2003 an ihre Besitzer übergeben und diese leben in Appartements auf dem Schiff,

---

[1] So wäre dies beispielsweise in Deutschland der Fall, § 8 AO.
[2] https://en.wikipedia.org/wiki/MS_The_World (am 22.11.2024).

welches sich andauernd auf einer Kreuzfahrt rund um die Welt befindet. Spätestens außerhalb der Zwölf-Meilen-Zone eines jeweiligen Landes sind die Bewohner des Schiffes dann frei von jeglicher Steuerhoheit. Streng genommen könnte man auch noch eine Steuerhoheit des Flaggenstaates des Schiffes annehmen; dieses ist auf den Bahamas registriert, aber die Bahamas gehören wohl eher zu den Staaten, die sich um solche Spitzfindigkeiten weniger kümmern möchten und zudem ein 0%-Einkommenssteuerland sind.

Spätestens jedoch mit der Pandemie im Jahre 2020 kam das Erwachen: es wurden die Passagiere und Bewohner an Land gesetzt. Von März 2020 bis Juli 2021 durfte keiner mehr an Bord kommen. Es gab darüber hinaus Diskussionen, in welchen Häfen des Schiff liegen dürfte. Spätestens zu diesem Zeitpunkt sind dann die Träume der „ewigen" Nicht-Ansässigkeit in einem Land jäh zerplatzt.

Auch das Streben nach dem amerikanischen Pass – so wie es in den sechziger und siebziger Jahren in Europa aufgrund des kalten Krieges en vogue war – bedeutet nicht immer etwas

Gutes. Ein Revival erlebte der amerikanische Pass später mit Bürgern der ehemaligen Sowjetunion seit dem Wegfall des Eisernen Vorhangs. Es bildete sich ein regelrechter Geburtstourismus Richtung USA heraus. Es gab spezialisierte Berater, die wussten, wie man es anstellen muss, damit der Nachwuchs in den USA geboren werden kann. Die Vereinigten Staaten von Amerika sind eines der Länder, die bislang jedem dort Geborenen das Recht auf einen amerikanischen Pass zubilligen, egal welche Staatsbürgerschaft die Eltern zum Zeitpunkt der Geburt hatten.[3]

Soweit, so gut, jetzt hat der Nachwuchs einen amerikanischen Pass und damit auch die Möglichkeit, jederzeit in die USA einzureisen. Das ist nämlich der Vorteil, den ein solcher Pass mit sich bringt, gerade auch in Krisen- und Kriegssituationen. Alle anderen müssen sich dann als Immigrant an der Grenze

---

[3] Offensichtlich beabsichtigen die USA unter dem wiedergewählten Präsidenten Donald Trump, dieses Recht in Zukunft zu begrenzen oder abzuschaffen. (https://www.sueddeutsche.de/politik/donald-trump-dekrete-amtsantritt-einwanderung-staatsbuergerschaft-li.3166470?reduced=true – Stand 26.12.2024). Siehe auch Seiten 48 und 74.

anstellen und darauf hoffen, dass sie einen Immigrantenstatus bekommen, mit dem sie in den USA leben können. Viele werden die Bilder von Ellis Island[4] in den USA kennen, dort wurden bis 1954 alle Immigranten nach New York zunächst einmal in dieses Auffanglager gesteckt, bis über den Immigrationsantrag jedes einzelnen entschieden wurde.

Ganz vergessen wird bei der Frage nach dem Pass aber die Frage nach den damit verbundenen steuerlichen Konsequenzen. So ist kaum einem bekannt, dass die USA eine weltweite Einkommenssteuerpflicht kennen, die an das Innehaben der Staatsbürgerschaft oder der Green Card geknüpft ist.

Im Allgemeinen denkt man in Europa, dass durch Wegzug in ein anderes Land die Steuerpflicht in dem Land des Wegzuges beendet wird. Auch wenn es hier noch einige Tücken und Fallstricke gibt, so ist das im Gemeinen grob richtig. Der US-amerikanische Staatsbürger, auch wenn er eine Doppelstaatsbürgerschaft hat, kann sich der

---

[4] https://de.wikipedia.org/wiki/Ellis_Island (am 22.11.2024).

Steuerpflicht in den USA nicht einfach durch Wegzug entledigen. D. h. er muss für die Zeit seines Lebens in der er einen US-Pass besitzt und damit Staatsbürger der USA ist auch jährliche Einkommenssteuererklärungen in den USA abgeben.

Die Nichtabgabe von Einkommenssteuererklärungen in den USA ist darüber hinaus kein Kavaliersdelikt - auch wenn auf den ersten Blick keine einzige Einnahme mit Bezug auf die USA erzielt wurde.[5]

Wenn man darüber Bescheid weiß, so könnte man denken, dass dies kein Problem ist. Der Teufel steckt aber im Detail, trotz bestehenden Doppelbesteuerungsabkommen[6] können eventuell in dem einen Land steuerfreie Einkommen in dem anderen Land steuerpflichtig sein und umgekehrt. So kann es zu einer steuerlichen Mehrbelastung kommen, die ungewollt ist - Lücken der Steuerfreiheit sind dagegen eher selten.

---

[5] https://www.roedl.de/themen/entrepreneur/amerikanischer-kontinent/fatca-usa-steuer-staatsbuergerschaft (am 22.11.2022).
[6] Abkürzung: DBA.

Vollkommene Relevanz besitzt diese steuerliche Verpflichtung aber im Bereich der Vermögensverwaltung. Fonds, ETFs und andere Anlagemöglichkeiten werden meistens für ein Land spezifisch konzipiert. Gerade weil es umso schwieriger ist für zwei Länder steuerliche Berichtspflichten und deren steuerlichen Auswirkungen zu berücksichtigen gibt es kaum solche Anlagemöglichkeiten.

Damit werden Banken in Europa vor ein Problem gestellt. Nicht zuletzt haften sie auch für eine ordentliche Besteuerung des US-Bürgers[7] – damit werden sie den Inhaber eines amerikanischen Passes ungern als ihren Kunden sehen. Neben der steuerlichen Problematik, erhöhten Berichtspflichten[8] und der möglichen Verwicklung bei Steuervergehen spielt es auch noch eine Rolle, dass US-Bürger durch regulatorische Maßnahmen im Bereich des

---

[7] Je nach Wohnsitz gibt es auch noch kalkulatorische Beschränkungen bei der Beratung von US Staatsbürgern usw.
[8] Für die USA durch FATCA eingeführt.

Vertriebes[9] geschützt sind und jeder der dagegen verstößt, sich mindestens haftbar macht.

In der Schweiz wurden Anleger, die auch über einen US-Pass verfügten, konsequent vor die Tür ihrer Bank gesetzt.[10] Nicht zuletzt der lange Arm der US-Behörden bei der Vollstreckung ihrer Gesetze hat dazu geführt. Die Strafen für eine Bank, die gegen US-amerikanische Gesetze verstoßen hat, konnten teilweise existenzbedrohend sein[11].

Der einzige Weg aus diesem Dilemma ist die Aufgabe der US-Staatsbürgerschaft, verbunden mit einer möglichen „Wegzugsbesteuerung" in Form einer „Sailing Permit".[12]

Damit wird deutlich, dass man bei aller Planung auch die Kehrseite der Medaille berücksichtigen muss. In der Regel

---

[9] USA: Investment Advisors Act 1940.

[10] https://www.handelszeitung.ch/unternehmen/schweizer-banken-wollen-keine-us-kunden-mehr-493963 (vom 10.02.2025).

[11] https://www.bbc.com/news/business-20907359 (Stand 10.02.2025).

[12] Mehr dazu unter: https://www.irs.gov/individuals/international-taxpayers/departing-alien-clearance-sailing-permit (Stand 10.02.2025).

gibt es keine Lösung, die allen Ansprüchen gerecht wird –
nur die individuelle Lösung kommt dem nahe.

Hinzu kommt, dass die Corona-Pandemie in den Jahren 2020
bis 2022 zahlreiche Annahmen der Vergangenheit widerlegt
hat. So war selbst in der EU die Reisefreiheit eingeschränkt
und nicht jeder Pass öffnete jede Tür.

Der Überfall Russlands auf die Ukraine im Februar 2022
hatte dann noch zahlreiche weitere Erkenntnisse gebracht, die
viele strategische Planungen im Bereich der Wohnsitznahme
oder Vermögensplanung relativiert haben.

Natürlich darf man bei allem nicht vergessen, dass der EU-
Bürger insofern privilegiert ist, weil er aufgrund der
Personenfreizügigkeit vom Polarkreis bis zur Straße von
Gibraltar einfach seinen Wohnsitz nehmen kann.

Die Zusammenschau der Erfahrungen im Bereich der
Wohnsitznahme im Ausland und der Auswirkungen der
Pandemie, inklusive dem Krieg in der Ukraine, ermöglicht es

uns heute neue Überlegungen anzustellen und Feinjustierungen vorzunehmen.

Mit diesem Buch wird der Versuch unternommen, alle Faktoren des Auswanderers, der Steuerflucht, des „Nomad Capitalists[13]", der europäischen Wirtschaftsflüchtlinge, Zweitwohnungsinhaber und sonstiger Weltenbummler zu begreifen und für den Leser verständlich zu machen.

Am Ende werden verschiedene Entscheidungsfaktoren für die unterschiedlichen Betroffenen herausgearbeitet. Gegebenenfalls kann Hilfestellung geben werden, wie man sich an verschiedene Fragen herantastet und diese für sich beantwortet, aber gleichzeitig soll mit vielen Vorurteilen und Mythen aufgeräumt werden, die sich über die letzten Jahrzehnte entwickelt haben.

Keinesfalls ist dieses Buch aus der Motivation eines „Preppers" heraus entstanden und so soll es auch nicht so verstanden werden. Es soll Hilfestellung leisten, sich im

---

[13] Hilfreich für US Bürger https://nomadcapitalist.com/ (am 22.11.2024).

mobilen, globalen Leben zu organisieren, Risiken und Chancen zu erkennen und nicht zuletzt die Vorteile der Möglichkeiten im Rahmen des aktiven Vermögensaufbaus, Unternehmertums oder Arbeitslebens aufzeigen.

Vor allem ist beim Lesen dieses Buches zu beachten, dass dieses aus der Sicht eines Westeuropäers geschrieben ist.

Warum ist das wichtig? Vieles was in diesem Buch geschrieben wird ergibt nur dann einen Sinn, wenn man die Sichtweise und den gedanklichen Ausgangspunkt kennt.

Die Empfehlungen und Anregungen für einen nordamerikanischen Staatsbürger sind zwangsläufig andere als für einen Bürger eines südamerikanischen, afrikanischen oder eines asiatischen Landes. Die jeweiligen Rahmenbedingungen und Erwartungshaltungen sind einfach andere.

Der Autor ist für Fragen, Anregungen und Kritik immer offen und freut sich über Ihr Feedback.

Südfrankreich im Februar 2025

Pandemie und ihre Folgen

Noch im März 2020 flog der Autor mehrfach zwischen Frankreich und Deutschland hin und her. Bei seinem in diesem Frühjahr vorerst letzten Flug am 16. März 2020 nach Frankfurt wusste der Autor nicht, wohin diese Reise in die Pandemie am Ende führen würde – das Rückflugdatum des genutzten Tickets war bereits am nächsten Tag Makulatur.

Die Bilder aus China und Italien zur Covid-Pandemie waren besorgniserregend. Die Unkenntnis über die Funktionalitäten des Virus ließen den Behörden in den einzelnen Ländern oft keine andere Möglichkeit, als mit mittelalterlichen Methoden – der Separierung und Verhinderung von Reisen – dem Virus Einhalt zu gebieten.

Daher waren sich der Autor und seine Ehefrau darüber im Klaren, dass diese Reise am 16. März 2020 vielleicht die Trennung für eine längere Zeit bedeuten könnte. Am 16. März 2020 wurden dann auch erste Reise- Beschränkungen verkündet:

„An den Grenzen zu Frankreich, Österreich, Luxemburg, Dänemark und der Schweiz setzte die Bundesregierung umfassende Kontrollen und Einreiseverbote in Kraft."[14] Gefolgt von einem EU-weiten Einreisestopp am 18.03.2020.

Damit waren erst einmal die Pflöcke eingeschlagen. Der Flugverkehr wurde reduziert, Reisen sollten nur noch in Ausnahmefällen möglich sein und wenn sie erfolgen mussten, waren sie häufig mit einer längeren Quarantäne verbunden.

Einige Länder schotteten sich komplett ab, so waren zum Beispiel Flüge nach Malta für mehrere Monate nicht mehr möglich.[15]

Auch das Reisen auf dem Landweg war schwierig geworden. Grenzkontrollen sollten verhindern, dass sich das Virus über

---

[14] Zum 16.03.2020:
https://www.mdr.de/nachrichten/jahresrueckblick/corona-chronik-chronologie-coronavirus-102.html#sprung2 (am 10.02.205).
[15] https://www.mondaq.com/aviation/936800/covid-19-flights-to-malta-suspended (am 22.11.2024).

die Grenzen ausbreitet, indem die Mobilität bei nicht notwendigen Reisen eingeschränkt wurde.

In Frankreich durfte man sich beispielsweise nur für eine Stunde am Tag im Umkreis eines Kilometers um seine Wohnung herum bewegen. Wenn man nicht im Wald wohnte, waren Waldspaziergänge verboten; wie auch die Strände für das Publikum gesperrt waren.[16] Fahrten zum Einkaufen waren gestattet, aber es brauchte immer eine Selbsterklärung, die bei behördlichen Kontrollen vorzulegen war. Die Mautstellen an den Autobahnen waren da geeignete Kontrollpunkte.

Alle europäischen Länder hatten plötzlich solche oder ähnliche Beschränkungen erhoben. Das öffentliche Leben wurde heruntergefahren, damit auch Teile der Wirtschaft.

---

[16] https://de.finance.yahoo.com/nachrichten/virus-frankreich-verl%C3%A4ngert-ausgangsbeschr%C3%A4nkungen-15-161448285.html?guccounter=1&guce_referrer=aHR0cHM6Ly9kdWNrZHVja2dvLmNvbS8&guce_referrer_sig=AQAAAHf4gI_M2OSCSlSyFl4pI3WOoYSEerZ9Nzk2TX_N3g8SUunFFjoylQC7otYhOd0nlsokxW3ugbtmiiCBZ_UcyMvDP5oYRti3W-o2fQXiQoiW0Obkw3YrBmxhQDTByaPDonDmNS_47OuNX0Ro01kknHPERPetcnlWvOCGtw6MGANW (am 22.11.2024).

Restaurants durften nicht mehr öffnen und Lieferdienste boomten. Aber nicht nur in Europa waren solche oder ähnliche Maßnahmen in Kraft gesetzt, je nach Stand der Infektionen konnte man diese überall auf der Welt in unterschiedlicher Form feststellen.

Sogar im November 2022 wurden in China noch komplette Stadtteile abgeriegelt, um der Verbreitung des Virus Herr zu werden.[17]

Die bis Anfang 2020 gekannte Reisefreiheit in vielen Staaten der Welt, die Personenfreizügigkeit der EU war von einem auf den anderen Tag relativiert und gefühlt „weg". Plötzlich sahen sich viele Bürger wie Gefangene im eigenen Staat, in der eigenen Wohnung…

Als Jurist hat man an der deutschen Universität in den Vorlesungen zum öffentlichen Recht gelernt, dass das Infektionsschutzgesetz eines der wenigen Gesetze der Bundesrepublik Deutschland ist, welches die Basis für

---

[17] https://edition.cnn.com/2022/11/21/economy/guangzhou-china-renewed-lockdowns-guangzhou-markets-intl-hnk/index.html (am 22.11.2024).

erhebliche Einschränkungen der Grundrechte[18] sein kann – gerade weil wirksamer Infektionsschutz teilweise nur mit Separierung und Quarantäne zu bewerkstelligen ist, wie im Mittelalter.

Danach waren die im Jahr 2020 und 2021 ergriffenen Maßnahmen grundsätzlich erwartbar. Aber gerechnet haben die wenigsten damit, vorstellen wollte sie sich fast niemand.

Damit waren die Reisen in die Ferienwohnung nach Mallorca, in die Toskana oder an die Côte d'Azur erst einmal für eine gewisse Zeit Geschichte. Nicht nur das, auch die Nutzung von Ferienwohnungen oder Zweitwohnungen

---

[18] Z.B. § 5 Abs. 5 des Infektionsschutzgesetzes mit dem das Recht auf körperliche Unversehrtheit eingeschränkt wird: „Das Grundrecht der körperlichen Unversehrtheit (Artikel 2 Absatz 2 Satz 1 des Grundgesetzes) wird im Rahmen des Absatzes 2 insoweit eingeschränkt.";
oder § 16 Abs. 4 „Das Grundrecht der Unverletzlichkeit der Wohnung (Artikel 13 Abs. 1 Grundgesetz) wird im Rahmen der Absätze 2 und 3 eingeschränkt."
Bzw. § 17 Abs. 7 „Die Grundrechte der Freiheit der Person (Artikel 2 Abs. 2 Satz 2 Grundgesetz), der Freizügigkeit (Artikel 11 Abs. 1 Grundgesetz), der Versammlungsfreiheit (Artikel 8 Grundgesetz) und der Unverletzlichkeit der Wohnung (Artikel 13 Abs. 1 Grundgesetz) werden im Rahmen der Absätze 1 bis 5 eingeschränkt."

innerhalb Deutschlands wurde an vielen Orten eingeschränkt.[19]

Die Welt wurde gefühlt immer „kleiner". Und damit verflüchtigten sich auch die Ideen von gesicherter Bewegungsfreiheit.

Die Ferienwohnung taugte nicht mehr als Zufluchtsort, der zweite Pass öffnete kaum noch eine Türe im Ausland.

Erst weitläufig verfügbare PCR-Tests im Herbst 2020 und später die Impfungen ab Januar 2021 ermöglichten das Reisen wieder, auch wenn manchmal damit beim Reisen erhebliche Kosten für die PCR-Tests angefallen sind.

Das war's könnte man meinen.

Aber es ging auch anders: das Reisen aus beruflichen Gründen, auch international, war immer möglich – als Grenzgänger oder Grenzpendler auch zwischen dem Wohnort und dem Ort der Berufsausübung. Es war etwas

---

[19] https://www.haufe.de/recht/weitere-rechtsgebiete/strafrecht-oeffentl-recht/corona-bedingt-duerfen-zweitwohnungen-nicht-genutzt-werden_204_513800.html (am 22.11.2024).

umständlicher, aber es war möglich. Der Autor selbst reiste mehrfach in der Zeit von März 2020 bis August 2020 mit dem Auto von Deutschland in sein Zuhause nach Südfrankreich. Einziges Limit war die persönliche Leistungsfähigkeit, die gut 1.000 km Distanz mehrfach innerhalb kürzester Zeit mit dem Auto zu bewältigen – zu viel Verkehr jedenfalls war damals nicht das Problem. Ab September 2020 gab es wieder mehr planmäßige Flugverbindungen, die man nutzen konnte. Es wurde einfacher, zu reisen.

Vorab zu klären und einzuhalten waren lediglich die sich schnell ändernden Quarantäne- und Meldevorschriften der jeweils involvierten Länder. Aber auch das war als Geschäftsreisender handhabbar. Ab 2021 gab es verschärfte Quarantänevorschriften für Reisende, es sei denn es handelte sich um Grenzgänger/Grenzpendler. Und die elektronischen Meldepflichten wurden verfeinert, sodass die Mobilität für die Behörden kontrollierbarer wurde – wenn dabei auch Orwell'sche Szenarien nahe schienen.

Das änderte aber nichts daran, dass Reisen aus beruflichen Gründen durchweg möglich waren. Die notwendigen Dokumente dafür waren überschaubar und kosteten fast nichts.

Der Autor ist überzeugt, dass das Nutzen einer Zweitwohnung in Deutschland, die auch für berufliche Zwecke angeschafft wurde, in der Pandemie nicht hätte untersagt werden können. Die öffentlich bekannten Fälle betrafen fast durchgängig die Fälle, bei denen die Inhaber lediglich der Enge einer Stadtwohnung für die Freizeit entkommen wollten – über die anderen gab es ja nichts zu berichten.

Hätte der in Düsseldorf ansässige Unternehmer seine Vermögensverwaltungsfirma an dem Sitz seines Ferienhauses auf Sylt angemeldet, so hätte er während der Pandemie jederzeit an den Sitz seines Unternehmens reisen können.

Da der Unternehmer keinen Kundenkontakt in seinem Unternehmen braucht gab es keine offensichtlichen

Versagungsgründe, sich dort aufzuhalten, wo sich alle Akten, Unterlagen usw. befinden. Die Feierabende an der Küste, womöglich in Abgeschiedenheit von infektiösen Menschenmengen, wären damit möglich gewesen.

Zugegebenermaßen braucht es für eine solche Aussage einen verlässlichen, ausgeprägten Rechtsstaat und auch den einfachen Zugang zur Gerichtsbarkeit sowie eine gewisse Vorhersehbarkeit des Handelns der Verwaltung oder der Exekutive.[20]

Andere Länder waren und sind diesbezüglich weniger einfach, entweder dauert die Inanspruchnahme eines Rechtsmittels lange oder es gibt keine entsprechenden Grundlagen. Dem Autor wurde in Frankreich einmal auf dem Amt entgegnet, dass EU-Recht dort nicht interessiere, man mache das eben so, wie man es in Frankreich mache. So

---

[20] https://www.mallorcamagazin.com/nachrichten/politik/2020/12/13/86199/kein-reiseverbot-wahrend-des-lockdowns-deutschland.html ; https://www.mallorcamagazin.com/nachrichten/politik/2021/06/11/91235/coronavirus-auf-mallorca-lockdown-von-2020-womoglich-verfassungswidrig.html (Stand jeweils 22.11.2024).

können sich Behörden nur verhalten, wenn der Zugang zum Recht wenig effektiv, limitiert, kostspielig oder langwierig ist. Im schlimmsten Fall trifft alles zusammen.

Die Beispiele aus der Pandemie in anderen Ländern in der EU sind zahlreich: in Frankreich und Spanien[21] etwa war die Anreise zu angemieteten Ferienwohnungen oder -häusern eine gewisse Zeit lang verboten. Das Anlanden von Privatyachten war in mehreren Ländern im Mittelmeer untersagt. Auch die persönlichen Freiheiten wurden oft weiter eingeschränkt, als dies in Deutschland der Fall war.[22] Da der Flugverkehr kontrollierbar war, reichte auch die Anreise mit dem Privatjet nicht aus, um ohne einen ersten

---

[21]
https://www.mallorcamagazin.com/nachrichten/tourismus/2020/06/14/81177/jetzt-also-doch-spanien-offnet-die-grenzen-juni.html (Stand 22.11.2024).
[22]
https://www.mallorcamagazin.com/nachrichten/lokales/2020/10/29/84943/verlief-die-erste-lockdown-nacht-manacor-auf-mallorca.html (Stand 22.11.2024).

Wohnsitz auf Mallorca im ersten Teil des Lockdowns im Jahr 2020 dort landen zu können.[23]

In absehbarer Weise hat die Pandemie dazu geführt, dass in den Jahren 2021 und 2022 so viele Privatyachten neu bestellt wurden wie kaum zuvor.[24] Ebenso ist die Nachfrage nach Ferienobjekten im eigenen Land oder auch in anderen europäischen Ländern massiv gestiegen.

Die Sicherheit des Reisens, womit vor allem das Reisen außerhalb von Menschenansammlungen gemeint ist, hat im Rahmen der Pandemie die Privat-Charterflüge[25] sowie die Absatzzahlen und Neubestellungen von Privatjets in die Höhe schnellen lassen.

Diese Trends - natürlich auch in Abhängigkeit vom Geldbeutel - bieten aber bei einem ersthaften neuen

---

[23]

https://www.mallorcamagazin.com/nachrichten/tourismus/2020/06/14/81177/jetzt-also-doch-spanien-offnet-die-grenzen-juni.html (Stand 22.11.2024).

[24] https://www.boatinternational.com/yacht-market-intelligence/luxury-yachts-on-order/how-many-superyachts-on-order-for-2022 (Stand 22.11.2024).

[25] https://www.fastprivatejet.com/en/blog/5-private-jet-travel-demand-trends-in-2022 (Stand 22.11.2024).

Lockdown keine Sicherheit, dass man diese auch wirklich nutzen könnte.

Es kommt hier wie immer maßgeblich auf das Timing und die Planung an. So konnten bis zum 16.03.2020 „Fremde" noch in Neuseeland einreisen, um in ihre Zweitwohnsitze zu kommen.[26]

Nach diesem Datum war dann auch hier alles zu spät, auch mit einer Staatsbürgerschaft des Ziellandes. Neuseeland war übrigens nicht das einzige Land, das seine eigenen Bürger im Lockdown nicht mehr einreisen ließ: Indien u.a. ließ dies für fast zwei Monate nicht zu.[27]

---

[26] https://www.dailymail.co.uk/news/article-8235565/Billionaires-fled-doomsday-bunkers-New-Zealand-coronavirus-crisis-escalated.html (Stand 22.11.2024).

[27] https://www.immihelp.com/procedure-for-indian-nationals-to-return-home/ (Stand 22.11.2024); Australien hatte ähnlich restriktive Regelungen.

Lehren aus der Pandemie

Man könnte nach dem Vorstehenden meinen, dass in der Pandemie nur hochvermögende Personen besondere Privilegien genießen konnten.

Bei genauerer Betrachtung waren viele von ihnen aber ebenso festgesetzt wie der restliche Großteil der betroffenen Bevölkerung.

Selbst auf einer Superyacht kann es einsam werden, wenn ein öffentlicher Shitstorm durch Photos über die freiwillige Isolation auf Instagram ausgelöst wird.[28] Dabei gilt es zu bedenken, dass die Superyacht auch Verpflegung und Treibstoff benötigt[29] und dieser nicht immer verfügbar sein kann - wenn er nicht sogar verweigert wird.

Im regulierten Luftverkehr sind die Bewegungen des Flugzeuges nachvollziehbar und vollkommen transparent. Ist

---

[28] https://www.washingtonexaminer.com/news/billionaire-draws-outrage-for-quarantine-post-featuring-superyacht-isolated-in-the-grenadines (Stand 24.11.2024).
[29] https://www.superyachtnews.com/business/travel-restrictions-impact-superyachts-in-caribbean (Stand 22.11.2024).

der Inhaber des Flugzeuges bekannt, so sind es auch seine Bewegungen. Erhält das Flugzeug keine Landeerlaubnis am Zielort so nützt es wenig.

In der Pandemie versuchte eine internationale Touristengruppe aus London mit einem gecharterten Jet über Cannes zu ihrer in Südfrankreich angemieteten Villa zu kommen.[30] Die über die Ankunft des Fluges früh informierte französische (Grenz-)Polizei verhängte Bußgelder und schickte die Passagiere samt Flugzeug postwendend zurück.

Ein anderes Phänomen, das sich in der Pandemie weiter entwickelt hat, ist die Form des mobilen Arbeitens. Die Arbeit im Home-Office hat nicht nur eine viel größere Akzeptanz bei Arbeitgebern gefunden, sondern Arbeitnehmer haben die Vorzüge mobilen Arbeitens selbst erkannt. Für einen nunmehr größeren Teil der Arbeitnehmer wird diese Arbeitsform auch künftig eine wesentliche Bedeutung bei der Verhandlung von Arbeitsverträgen haben.

---

[30] https://edition.cnn.com/travel/article/private-jet-turned-back-cannes-france/index.html (Stand 22.11.2024).

Mit steigender Verfügbarkeit schneller Internetverbindungen wird die Welt zur „Heimat des Büros", zum Home-Office. Im mobilen Bereich wird das Angebot von Starlink und seinen Mitbewerbern in immer mehr Ländern verfügbar sein: solange man Strom und einen uneingeschränkten Blick auf den Himmel hat kann man in der einsamsten Berghütte auf 2.800m Höhe oder der einsamen Bucht einer kleinen Mittelmeerinsel arbeiten – es braucht kein Mobilfunknetz mehr. Die Möglichkeiten scheinen buchstäblich grenzenlos und werden ständig erweitert.[31]

Die Flugverbindungen sind so gut, sodass man im Normalfall innerhalb von 24 Stunden von einer Seite der Welt auf die andere Seite der Welt gelangen kann und so vom Atlantik zur Südsee wechselt, um seine Füße zu baden. Die globale Verfügbarkeit von Co-Working-Spaces eröffnet büroähnliches Arbeiten, für diejenigen, die dann doch nicht ganz alleine mit ihrem Laptop sein wollen.

---

[31] Zum Beispiel Oneweb Eutelsat: https://oneweb.net/ .

Mit diesem Trend zum Home-Office oder mobilen Arbeiten - der übrigens auch Teil von unternehmerischen Notfallplänen sein kann - erhöht sich der Anteil der Menschen, die auch global mobil arbeiten (wollen), stetig. Deren Mobilität bildet das andere Extrem zum hochvermögenden Unternehmer.

Gerade für die Arbeitnehmer im Home-Office stellt die Mobilität eine große Chance in der persönlichen Vermögensbildung dar, denn sie haben die Flexibilität, die andere nicht haben.

Die Pandemie hat gezeigt, dass vielen Menschen die persönliche Bewegungsfreiheit sehr wichtig ist und dass sie alles unternehmen, um diese zu erhalten oder zurück zu erlangen - aus welchen Gründen auch immer.

Diese Beispiele belegen, dass es nicht nur Geld ist, welches die persönliche Bewegungsfreiheit und Mobilität gewährleisten kann.

Im anderen Extremfall, der bis vor kurzem in Europa noch undenkbar schien - dem Krieg - kann der Besitz eines Privatjets wichtig sein, um mit den Füssen abstimmen zu können - oder man hat genügend Vermögen um einen mehrfach überteuerten Flug zu bezahlen.[32]

Im richtigen Ernstfall ist aber auch die Kontrolle des Luftraums zu beachten, die vielleicht die Nutzung des Privatjets verunmöglicht. Wenn dies nicht im eigenen Luftraum geschieht, so könnte es aber sein, dass die Zulassung aufgrund von Sanktionen entzogen wird und damit das Flugzeug legal nicht mehr zu benutzen ist. Selbst Schiffe von sanktionierten Eigentümern müssen bezüglich der Häfen wählerisch werden, um nicht aufgrund von Sanktionen an „die Kette" gelegt zu werden.[33]

---

[32] https://news.yahoo.com/russians-paying-27-000-escape-100233401.html (Stand 22.11.2024).

[33] https://www.cnbc.com/2022/03/03/here-are-the-russian-oligarch-yachts-being-seized-as-sanctions-take-effect.html (Stand 22.12.2024); https://www.businessinsider.nl/russian-oligarchs-are-escaping-sanctions-by-taking-their-private-jets-and-yachts-to-places-like-dubai-and-the-maldives/ (Stand 22.11.2024). Zahlreiche der Sanktionen wurden durch Gerichte überprüft und zahlreiche Aktionen in Verbindung mit diesen werden Jahre

Eigentümergemeinschaften (fractional ownership, time sharing) von Privatjets oder Yachten müssen im Fall von sanktionierten Miteigentümern fürchten, dass sie „ihr" Flugzeug oder „ihre" Yacht nicht mehr benutzen können, um nicht selbst gegen Sanktionen zu verstoßen.[34] Es ist also auch dieses Nutzungsmodell entsprechend zu hinterfragen.

Somit hängt also vieles von der richtigen Strukturierung und Planung ab, um die Mobilität zu gewähren und zu erhalten.

Diese ist für Hochvermögende aufgrund komplexer Vermögens- und Lebensverhältnisse meistens noch schwieriger als dies für normalverdienende Mitbürger der Fall ist.

Im Fall des Autors war der grenzüberschreitende Reiseverkehr während der Pandemie möglich, weil er in

---

später in Frage gestellt, weil es vielleicht die falschen getroffen hat: https://www.superyachttimes.com/yacht-news/amadea-yacht-ownership-us-court-case oder https://www.superyachttimes.com/yacht-news/seized-yacht-phi-supreme-court-appeal (Stand 25.01.2025).

[34] https://privatejetcardcomparisons.com/2022/03/02/russia-sanctions-what-private-jet-users-need-to-know-now/ (Stand 22.11.2024).

einem Land geschäftlich aktiv war und im anderen Land wohnte.

Diese Reisen waren also immer möglich, ohne Privatjet, ohne Yacht.

Als Fazit lässt sich damit festhalten, dass die Lebensplanung einen bedeutsamen Einfluss auf die Möglichkeiten hat, wie man sich auch in Extremsituationen bewegen kann.

Die flexiblen mobilen Arbeiter im Home-Office sind es schon gewohnt sich stetig zu bewegen – im Inland am Küchentisch ist das noch einfach, die Auslandskomponente fügt dem dann aber noch eine weitere - meistens unbekannte - Dimension hinzu. Das ist der Preis für das Arbeiten „in der Sonne".

Dies ist eine Lehre, die die Pandemie vielen Menschen erteilt hat.

Beweggründe, um in der Welt umherzuziehen

Möchte man die hier im Zentrum der Überlegungen stehenden Auswanderer typisieren so lassen sich schnell folgende vier Gruppen definieren:

- Der Globetrotter
- Der Arbeitnehmer
- Der Expat
- Der Unternehmer

Ein weiteres Merkmal kann vielleicht noch als zusätzliches Kriterium herangezogen werden:

ob ein Rückkehrwille in die Heimat besteht oder nicht.

Der Globetrotter

Dieser Typ geht in der Regel für eine bestimmte Zeit auf Reisen, er will die Welt erleben, möglichst viel sehen und erleben. Meistens geschieht dies vor, während oder nach der ersten Berufsausbildung vor dem Alltag im neuen Job. Der Selbstzweck besteht im Reisen. Der genaue Zeitpunkt der Rückkehr in die Heimat kann offenbleiben, diese ist aber meistens so gut wie sicher vorgesehen, es sei denn es gibt einen emotionalen Grund, die Rückkehr zu verschieben. Globetrotter leben häufig auch „von der Hand in den Mund" als working traveller.

Für ihn kann es interessante Perspektiven durch seine Reisen geben, manchmal gibt auch der Wechsel des Standortes interessante private und berufliche Impulse, ganz zu schweigen von den Erfahrungen durch das Meistern zahlreicher bisher unbekannter Situationen.

Der Arbeitnehmer / Rentner

Über das Home-Office auf den Geschmack gekommen hat der Arbeitnehmer auch die Möglichkeiten im Ausland zu arbeiten. Denn warum sollte er, bei 100% Home-Office im trüben Herbst in Deutschland sitzen…?

So ganz einfach ist es nicht, obwohl es doch so einfach aussieht. Sozialversicherungsrecht und Einkommens-steuerrecht spielen bei einer Festanstellung gewaltig in diese Pläne hinein. Ungeklärt ist auch, ob jeder Arbeitgeber diese

Flexibilität seiner Arbeitnehmer dulden muss, Europa hin oder her.

Bei letzterem steht der Komfort und/ oder die Work-Life-Balance im Vordergrund, weniger der exotische Auslandsgedanke.

Finanzielle Interessen sind ebenfalls denkbar, erst recht wenn es um günstigen Wohnraum, geringere Heizkosten oder andere niedrigere Lebenshaltungskosten geht.

Nicht vergessen darf man in diesem Zusammenhang die Grenzgänger oder -pendler, bzw. Wochenendheimkehrer. Diese wohnen aus verschiedenen Gründen im Ausland und fahren jede Woche zu ihrem Arbeitgeber zur Arbeit.

Es ist zeitlich egal, ob sie von München nach Hamburg fliegen, um nach Hause zu kommen, oder von München nach Mailand. Ohne Klischees zu bemühen, sie können sich bestens vorstellen, in welchem Umfeld der eine oder der andere sein Wochenende verbringt.

Der Expat

In internationalen Konzernen ist die Entsendung Teil der beruflichen Karriereentwicklung. Der Arbeitgeber steht hier voll hinter dem Vorhaben ins Ausland zu gehen; die sozialversicherungsrechtlichen Fragen und auch die Einkommenssteuer werden durch entsprechende Berater geklärt und für den Expat in den meisten Fällen abgesichert.[35]

Der Rückweg nach „Hause" ist stets offen und gleichwohl biegen nicht wenige Expats „unterwegs ab" und bleiben im Ausland.

In diesem Moment ist es wichtig zu wissen, worauf man sich einlässt und was die Eckpunkte sein können.

Der Unternehmer

Der Begriff umfasst den Freelancer und Selbständigen, wie auch den Firmeninhaber mit über 60.000 Mitarbeitern und

---

[35] Interessant in diesem Zusammenhang https://t3n.de/news/zalando-soll-managerinnen-im-ausland-wie-leiharbeiter-beschaeftigt-haben-um-steuern-zu-sparen-1515949/ (abgerufen am 10.02.2025).

den Unternehmer, der privat im Ausland wohnt und jede Woche zu seinem Unternehmen im Inland pendelt.

Unter diesen Begriff möchte ich auch den Unternehmer fassen, der gerade sein Unternehmen verkauft hat und einfach einen Tapetenwechsel sucht, aber auch weiterhin Unternehmer bleibt, entweder weil er es nicht sein lassen kann oder weil sein Vermögen so umfangreich ist, dass es entsprechende professionelle Strukturen der Verwaltung braucht. Er steht aber an einem für ihn neuen Lebensabschnitt, der neue Möglichkeiten eröffnet.

Je kleiner die wirtschaftliche Einheit, desto flexibler und grösser die Möglichkeiten. Je mehr Vermögen vorhanden desto interessanter ist dieser Unternehmer für seinen bisherigen Wohnsitzstaat und damit muss er in der Regel größere Hürden bei seinem Weg ins Ausland überwinden. Der unvorbereitete Schritt kann dann zu einem kostspieligen Abenteuer werden.

Die Motivationen

Für den Auswanderer gibt es viele Motivationen, die sich auch noch kombinieren lassen:

- Er will im „Süden" leben.
- Das Lebensgefühl von … fasziniert ihn.
- Er will neu anfangen.
- Steuern sparen.
- Seinem Herzen folgen und eine Familie gründen.
- Einen anderen Pass bekommen.
- Asset Protection.
- Unabhängig sein.
- Wirtschaftlich mehr Erfolg haben.
- Frei sein.
- Glücklich sein
- Sicher leben
- Vor Krieg oder Verfolgung flüchten, in Sicherheit sein
- …

Ist Ihnen etwas aufgefallen? Glücklich, frei und/oder unabhängig zu sein, dass kann doch kein Grund sein? Es ist eher ein subjektiver Grund oder Zustand.

Viele sehen das aber als Motivation: das Ausbrechen aus dem bisherigen Leben, frei von Zwängen usw.. Im Gegensatz zu denen, die aus Sachzwängen heraus ihr Land verlassen müssen oder wollen.

Letztendlich träumen diese erstgenannten Kandidaten von etwas, welches sie vielleicht erreichen können, aber dafür gibt es weder hier noch dort eine Garantie.

Wenn das ihr einziger Grund ist, dann streichen Sie Ihre Auswanderungspläne! Sie werden auch im Ausland nicht frei sein. Wie die Schwerkraft sie am Boden hält, so werden Sie von den Zwängen des täglichen Lebens eingefangen.

Auswandern kann Teil eines (Lebens-)Plans sein, aber nicht der den Zweck heiligende Grund.

Anders ist es natürlich bei den Personen, die aufgrund von Sachzwängen auswandern, aber hier bleibt den Betroffenen meist keine andere Wahl und sie werden sich entsprechend mit den Bedingungen arrangieren.

Die richtige Einstellung (Voraussetzungen)

„Wie kann man eine solche Frage stellen?" entgegnete ein Kunde des Autors Anfang 2000 empört. Natürlich wolle er in die Schweiz ziehen, der Steuern wegen, er habe die Schnauze voll, von seinem Staat wie eine Gans gerupft zu werden.

So viel so gut.

Im weiteren führte der Kunde dann aber aus, dass seine Familie weiterhin in Deutschland leben bleibe, er würde also Wochenendheimkehrer. Die Flugverbindungen seien so gut. Auf die Frage, warum er sich so verhalten wolle, entgegnete er „naja die Kinder haben ihre Freunde, die Frau ist im Tennisclub vernetzt und die könne man nicht einfach umpflanzen."

Er ergänzte, dass das mit dem Wohnsitz ja eh keiner merken würde - ob man da sei oder nicht.

Der Kunde begeht einen Kardinalfehler: seine Motivation Steuern zu sparen ist getrieben von der Wohnsitznahme in einem steuerlich attraktiv scheinenden Land. Nicht selten versuchten Auswanderer in der Vergangenheit dann auch ihre nicht deklarierten Vermögen im Ausland durch die Auswanderung zu legalisieren.

Wenn es nur so einfach wäre.

Mit der einfachen Motivation, Steuern zu sparen ist es nicht getan. Man muss auch dort leben wollen, als Familie, als Single, mit seinem Lebensgefährten oder seiner Lebensgefährtin. Mit allem Wenn und Aber. Einfacher wird das, wenn die Rückreise nicht eine Stunde, sondern 14 Stunden dauert. Das ändert die Ausgangslage erheblich.

Aber die vermeintliche Nähe wird zur Gefahr für den Auswanderer. Es ist zu einfach, sich auf Zwischenlösungen einzulassen.

Warum ist das so wichtig?

Steuern zu sparen wurde hier als zentrales Ziel gesehen. Aber auch das will meisterlich gelernt sein.

Es kommt je nach Rechtsordnung nicht nur auf den Wohnsitz an, sondern auch auf den Lebensmittelpunkt.

Eine Daumenregel mit traditionellem Blick sagt, dass dort wo der Herd steht auch der Lebensmittelpunkt einer Familie liegt. An diesen knüpft dann wiederum die Steuerpflicht in einem Land an.

Anders gesagt kann es der Ort sein, an dem die Kinder zur Schule gehen und jeden Tag zum Essen nach Hause kommen.

Sollten die Kinder in einem Internat sein, so käme es darauf vielleicht nicht an, aber dann kommen die Orte zum Tragen, an denen Weihnachten und andere wichtige Feiertage gemeinsam mit der Familie verbracht werden.

Der „Herd" kann auch unkonventionell gesehen werden: der unverheiratete Fussballer[36], der beim AS Monaco spielt und wohnt und damit dort sein Einkommen einkommensteuerfrei

---

[36] Frei erfundener Fall.

erzielen kann verbringt seine 35 freien Tage im Jahr bei seiner Freundin in Hamburg in deren Wohnung. Sie besucht ihn nie in Monaco, den Sommerurlaub verbringen sie gemeinsam in Italien.

In diesem an einen realen Fall angelehnten Beispiel wurde der Sportler später von einem deutschen Gericht der Steuerhinterziehung für schuldig befunden – er hatte seinen faktischen Wohnsitz in Form eines Lebensmittelpunktes in Deutschland und war damit dort einkommensteuerpflichtig geworden. Natürlich dachte er vorher, dass er nie in Deutschland steuerpflichtig würde.[37]

Es geht nicht ohne entsprechende Kenntnisse oder kundennahe Beratung, die dann auch auf die Details der Lebensführung eingehen muss.

Ein international tätiger Manager berichtete einmal dem Autor, dass er seine Reisen und Aufenthalte minutiös genau seinem Steuerbüro meldet, welches den Auftrag hat, ihn vor

---

[37] Interessant hierzu: https://www.stern.de/lifestyle/leute/steuer-prozess-becker-erhaelt-bewaehrungsstrafe-3377474.html (Stand 15.01.2025).

unliebsamen Überraschungen zu schützen. Richtig so! Kein Kunde kennt alle diese Regelungen die auf ihn anwendbar sind.

Jedes Land hat eigene Vorschriften, manche sind komplexer als man denkt. Ein Land kennt nur die Bewertung nach dem Kalenderjahr, die USA beispielsweise machen das für Nicht-US-Bürger an einer Betrachtung der letzten drei Jahre fest und ob man in diesen mehr als 183 Tage in den USA anwesend war[38].

Also derjenige, der sich auf eine so genannte 183-Tage-Regel[39] verlässt, kann auch hier schnell unvorbereitet überrascht werden.

Die „183-Tage-Regel"[40] wird in diesem Zusammenhang in ihrer Bedeutung für Deutschland genauso oft überschätzt wie die Frage der Abmeldung des Wohnsitzes.

---

[38] https://www.info-usa.de/us-steuersystem/ (Stand 22.11.2024).
[39] So auch § 9 AO in Deutschland. Für die USA: https://www.irs.gov/individuals/international-taxpayers/substantial-presence-test (Stand 22.11.2024).
[40] § 9 AO.

Es ist eben nicht so, dass eine Anwesenheit von 183 Tagen automatisch auch diesem Ort die Steuerpflicht zuordnet. Es können parallele Steuerpflichten entstehen oder die Steuerpflicht über den gewöhnlichen Aufenthalt mit weit weniger Anwesenheiten „am Herd" oder durch den Besitz einer Wohnung ausgelöst werden (siehe Seite 41). Gerade im Deutschen Steuerrecht stellt dies eine Annahme dar, die zu einer Vermutung der unbeschränkten Einkommensteuerpflicht führt. Aber die Behauptung, man halte sich nur fünf Monate und 15 Tage in Deutschland auf und man sei deshalb nicht in Deutschland steuerpflichtig, ist eben in Bezug auf Deutschland wegen möglicher anderer Anknüpfungspunkte als brandgefährlich und falsch zu erachten.

Und damit ist auch schon die berühmte Abmeldung[41] am bisherigen Wohnsitz auf dem Weg zu einem Klassiker der Fehleinschätzung. Steuerlich kommt es auf die melderechtlichen Sachverhalte überhaupt nicht an.

---

[41] § 17 BMG.

Ein Youtuber, der bislang bei seiner Großmutter wohnte und dessen Einnahmen sich von Tag zu Tag erhöhten, meinte ganz schlau zu sein und er meldete sich einfach bei seiner Großmutter ab. Bei seiner lokalen Sparkasse gab er nichts an, die Bankpost wurde weiterhin an die Anschrift seine Großmutter versandt.

Er wollte im Jahr mindestens drei Monate in Thailand und weitere drei Monate in Bali verbringen, des Wetters wegen und weil man dort so schöne Aufnahmen machen könne.

Seine Idee: damit muss er in Deutschland keine Steuern zahlen. Sein Zimmer, seinen Schlüssel zum Haus der Großmutter behielt er obendrein - schließlich wollte er sie ja immer wieder besuchen kommen. Und da er ja auch in Thailand und in Bali sozusagen nur auf der Durchreise sei, könne ihm steuerlich gar nichts geschehen. Nirgendwo?

Dieser erfundene Charakter bewegt sich auf sehr dünnem Eis. Sein Geschäftsmodell ist gewerblich – er erzielt Einnahmen über seinen Youtube-Kanal. Er hat nach dem Melderecht keinen Wohnsitz mehr in Deutschland, was aber schnell zu einer polizeilichen Ausschreibung führen kann, die der Feststellung des Aufenthaltsorts dient und vielleicht auch im ersten Schritt eine Untersuchungshaft nach sich zieht, wenn Fluchtgefahr bestehen könnte. Die Ein- oder Ausreise nach oder aus Deutschland kann damit sehr schnell unfreiwillig enden.

Warum haben die Behörden so ein Interesse an ihm? Man stelle sich vor, bei einem der deutschen oder europäischen Sponsoren, einem seiner Berater oder Manager würde eine Betriebsprüfung vorgenommen und es würde festgestellt, dass an diesen Youtuber pro Jahr in der Summe über 250.000 EUR gezahlt wurden, auf ein deutsches Konto. Recherchen ergäben dann, dass er dort nicht mehr gemeldet war. Überhaupt nirgendwo in Deutschland war er gemeldet. Grund genug, dem auf den Grund zu gehen.

Eine polizeiliche Ausschreibung führte über den Abgleich der Flugdaten bei internationalen Flügen zu einem Treffer und die Beamten würden alarmiert. Bei der

Untersuchungshaft würde dann der Schlüssel zum Haus der Großmutter gefunden und identifiziert.

Das Ende vom Lied: er verfügte noch über einen faktischen oder gar tatsächlichen Wohnsitz[42] bei seiner Großmutter und hätte über Jahre hinweg nicht nur Einkommenssteuern nicht erklärt, sondern auch Umsatz- und Gewerbesteuern nicht abgeführt. Da kommen über die Jahre schnell stattliche Beträge zusammen, die nebst Zinsen und Strafen nachzuzahlen sind.

Zu denken, dass man klüger als der Staat sei, ist der größte Fehler, den man bei der Auswanderung oder beim Leben im Ausland machen kann.

Das Leben ist zu vielfältig, zu vernetzt und seit der Existenz des Mobilfunktelefons, des Internets und von Social Media wird der Steuerzahler immer transparenter. Von daher sollte sich jeder vorher entsprechend von Fachleuten beraten lassen.

---

[42] S.o. § 8 und 9 AO.

Den Satz „Geben sie mir Ihre Bankauszüge eines Monats"
oder „Zeigen Sie mir Ihre Kreditkartenabrechnung", um
Ihnen zu zeigen wo Sie sich tatsächlich aufhalten, den kann
man heute noch stellen, aber viel eindrücklicher ist die
Timeline bei Linkedin, Facebook, Instagram, TikTok,
Youtube… sollte nicht alles nachweislich gefälscht sein, so
ergibt sich daraus eine perfekte öffentliche Dokumentation
Ihrer Aufenthaltsorte. Dabei darf man nicht vergessen, auch
die Veröffentlichungen Ihrer Freunde sind manchmal offen
und transparent.

Das Abfragen von IP-Adressen, Standortdaten,
Vielfliegerkarten, Aktivitäten in Clubs usw. ist in diesem
Zusammenhang dann nur im Zusammenhang mit der
Finalisierung der Beweiskette der Fiskalbeamten zu sehen.

Gibt es überhaupt die „richtige" Einstellung?

Es geht da um zwei Blickrichtungen:

Auswandererland

Je nach ihrem bisherigen Dasein, müssen Sie die Interessen und Regelungen Ihres Wegzugslandes beachten.

Sind in Ihrem bisherigen Land Wegzugsbesteuerungen[43] oder eine Besteuerung nach der Staatsbürgerschaft[44] anwendbar, so müssen Sie erst ihre Hausaufgaben in Bezug auf dieses Land machen.

Auch für den Fall, dass Sie weiterhin eine Wohnung in dem Wegzugsland behalten wollen – egal ob gemietet oder im Eigentum, egal aus welchem Grund – auch dies muss geplant werden.

Wie sieht Ihre künftige Einkommenssituation und Ihre Einkunftsquellen aus?

---

[43] Z.B. durch das deutsche AStG geregelt.

[44] US-Staatsbürger und Green-Card-Holder sind weltweit aufgrund der Staatsbürgerschaft oder der Eigenschaft als Green-Card-Holder in den USA steuerpflichtig, bzw. zumindest verpflichtet, entsprechende Steuererklärungen in den USA einzureichen. Ob eine Steuer in den USA zu bezahlen ist, das wird dann nach der Abgabe der Steuererklärung zu klären sein (z.B. wenn Doppelbesteuerungsabkommen anwendbar sind und das Besteuerungsrecht einem anderen Staat zugewiesen wird).

Hat das noch Bezüge zum Wegzugsland (Firmenbeteiligung, Grundeigentum, Vermietung und Verpachtung, Beschäftigungsverhältnisse?) – dann muss im Vorfeld die Frage geklärt werden, wie sich das mit der geplanten Zukunft verhält.

Wie sieht Ihre Familiensituation insgesamt aus? Wollen Sie Vorkehrungen für die Nachfolge oder Ihre Erben treffen?

Wird Ihr Ehegatte/ Lebensgefährte mit kommen oder zurück bleiben? Wie sieht es mit Ihren Kindern aus?

Sind Sie bereit, endgültig zu gehen?

Ihre Antworten werden großen Einfluss auf Ihre künftigen Beziehungen zum Wegzugsland haben.

Gegebenenfalls müssen Sie bereit sein, bis auf ein paar wenige „Heimkehrertage" – im Hotel – das Land zu meiden.

Einreiseland

Das sollte einfach sein…

Meinen Sie!

Ok, über die Einreisevorschriften und die Visabedindungen haben Sie sich schon Gedanken gemacht. Das ist noch der einfachere Part.

Wie sieht es mit der Sozialversicherung vor Ort aus? Mit der Krankenversicherung? Selbst in EU-Ländern ist die „Einwanderung" in deren Sozialversicherungssystem oft nicht so einfach.

Wie kann man in der Freihandelszone eine Firma eröffnen, welche Kosten sind damit verbunden?

Wie sieht es mit der Bank aus, können Sie schnell ein Bankkonto errichten oder hängt dies von weiteren Voraussetzungen ab? Wie verhält sich ihre „alte" Bank in Deutschland, wird sie die Veränderungen akzeptieren?

Können Sie Grundbesitz einfach erwerben oder ist das an weitere Bedingungen geknüpft?

Wird die Heiratsurkunde einfach anerkannt? Braucht es beglaubigte Übersetzungen?

Braucht es für die Eröffnung eines Gewerbes eine Zulassung oder Steuernummer? Wie schnell werden diese erteilt?

Wird Ihr Berufsabschluss überhaupt anerkannt oder genügt er für das, was Sie planen?

Wie werden Sie steuerlich behandelt? Gibt es Sonderregeln, Vermögenssteuern o.ä.?

Stichwort LGBTQ: sind Sie oder Ihre Familie willkommen oder Restriktionen unterworfen?

Für den Fall der Nachfolge, sind Ihre Töchter im Fall der Fälle in einem muslimisch geprägten Land erbberechtigt?[45]

Natürlich werden Sie sagen, das ist ja gerade das spannende am Auswandern. Aber wären Sie sich der vielen Facettten und möglichen Verzögerungen bewusst?

---

[45] Stichwort: Rechtsordnungen im Islam; aber z.B. neue Regelungen in den VAE für Nicht-Muslime; https://www.khaleejtimes.com/uae/uae-new-law-introduced-for-non-muslims-all-you-need-to-know (Stand 26.12.2024).

Je nach Land können einzelne Verfahren lange dauern. Hier kann es Rückschläge geben, weil das eine ohne das andere nicht möglich ist.

Wollen Sie wirtschaftlich aktiv werden, so müssen Sie Verzögerungen mit einplanen – und auch das Kapital dafür. Von diesen Hürden dürfen Sie sich in Ihrem neuen Wohnsitzland nicht abschrecken lassen.

Auch hier hilft Vorbereitung und fachliche Beratung um entsprechende Überraschungen zu vermeiden und gar nicht erst Frustrationen aufkommen zu lassen.

Geopolitische Überlegungen

Mit dem 24.02.2022[46] wurde vielen Europäern bewusst, dass der Gedanke „ewigen Friedens" in Europa ein trügerischer Schein war.

---

[46] https://de.wikipedia.org/wiki/Russisch-Ukrainischer_Krieg (Stand 26.12.2024).

Spätestens mit diesem Datum ist ein neues strategisches Denken im Kleinen wie im Großen erforderlich geworden. Denn, wie sich zeigte, konnte die Welt nicht durch den Welthandel zu einem „friedlichen Dorf" entwickelt werden.

Dies betrifft nicht nur das Verhalten Russlands, sondern auch die Ziele Chinas auf der Welt, durch Investitionen seine Einflußsphäre weltweit zu erweitern.[47]

Selbst der langjährige Verbündete der Europäer, die Vereinigten Staaten von Amerika scheinen plötzlich imperialistische Gedanken zu entwickeln, um sich geographisch zu erweitern.[48]

Die Vorhersehbarkeit geopolitischer Entwicklungen hat sich dadurch stark reduziert.

---

[47] https://www.nzz.ch/international/schoene-neue-welt-china-weitet-seinen-globalen-einfluss-aus-ld.1783656 (Stand 26.12.2024); https://www.asahi.com/ajw/articles/15243813 (Stand 18.01.2025).
[48] https://edition.cnn.com/2025/01/07/climate/trump-greenland-climate/index.html (Stand 08.01.2025).

Das WEF hat im Jahr 2024-2025 eine Umfrage mit folgender Fragestellung gestartet[49]:

„Welche der folgenden Aussagen charakterisiert das globale politische Umfeld für die Zusammenarbeit bei globalen Risiken in den nächsten 10 Jahren am besten?"

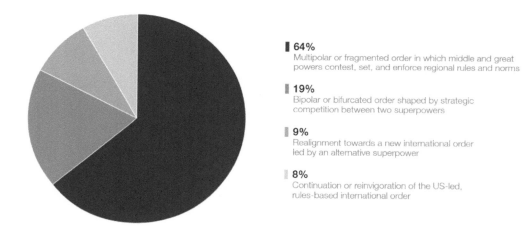

64%
Multipolar or fragmented order in which middle and great powers contest, set, and enforce regional rules and norms

19%
Bipolar or bifurcated order shaped by strategic competition between two superpowers

9%
Realignment towards a new international order led by an alternative superpower

8%
Continuation or reinvigoration of the US-led, rules-based international order

Abbildung 1 - Quelle: World Economic Forum Global Risks 2024-2025, Seite 11 Grafik: w.v.

Fast 2/3 der Antwortenden haben folgendes geantwortet:

---

[49] https://www.weforum.org/publications/global-risks-report-2025/ (Stand 18.01.2025).

„Eine multipolare oder fragmentierte Ordnung, in der mittlere und große Mächte regionale Regeln und Normen außer Kraft setzen, sie aufstellen und auch durchsetzen."

Damit wird die aktuelle Situation in der Welt wohl am besten beschrieben, die regelbasierte Ordnung, der Rechtsstaat, wird in den nächsten zehn Jahren eine weniger zentrale Rolle spielen.

Im Privaten bedeutet das aber auch, dass sich Lebenspläne schnell ändern können, wenn man sich in der falschen Region der Welt befindet oder engagiert. Für den Unternehmer birgt dies ebenfalls erhebliche Risiken, denn es gibt eine weitere Unsicherheitskomponente auf der Matrix.

Vermeintliche Stabilität kann sehr schnell in Instabilität umschlagen, mit den entsprechenden Veränderungen. Selbst landläufig als stabil geltende Demokratien können plötzlich unsicher werden, kurzfristig oder dauerhaft.[50] Sei es auch nur im Verhältnis zu Einwanderern.

Direkt nach dem TV-Duell im US-Wahlkampf im Juni 2024[51] hat der Autor in Italien ein US-amerikanisches Ehepaar kennen gelernt. Sie waren auf einer Rundreise durch Europa, um sich umzuschauen: sie wollten aus den USA wegziehen. Geprägt von Sorgen um ihre Rechte und die weitgreifende Polarisierung des Landes suchten sie nach einem Land, in dem sie nach ihrer Meinung frei und sicher leben könnten. So ändern sich die Zeiten. „Good Old Europe" als Zufluchtsort?

Viel subtiler können solche Veränderungen auch von oben kommen und die bislang gültige Rechtsordnung durch

---

[50]

https://de.wikipedia.org/wiki/Sturm_auf_das_Kapitol_in_Washington_2021
(Stand 26.12.2024).
[51] https://www.zeit.de/politik/ausland/2024-06/trump-biden-tv-duell-usa-video (Stand 26.12.2024).

Nutzung legaler Systemschwächen verändern und beeinflussen.[52]

Natürlich kann man solche Entwicklungen nicht vorhersehen. Es soll aber verdeutlicht werden, dass nichts von Beständigkeit sein muss und sich Situationen verändern können. Auch in die Richtung, die einem nicht gefällt oder die unerwartet scheint.

Und selbstredend trifft das nicht nur zu, wenn man in ein anderes Land zieht, das kann einen auch an seinem jetzigen Wohnort treffen. Es ist also durchaus als allgemeines Lebensrisiko zu bezeichnen.

Für die Planung und Beschäftigung mit dem Wegzug als solchen sollte man aber zumindest einmal die Gesamtsituation anschauen und abwägen, welche „Risiken" man eingehen möchte und welche Auswirkungen, das auf die

---

[52] https://regierungsforschung.de/die-wiederherstellung-der-rechtsstaatlichkeit-in-polen-nach-dem-regierungswechsel/ (Stand 26.12.2024).

eigenen Ziele haben könnte. Einen Plan B sollte man ebenfalls haben, wenn es eben nicht anders geht.

Soweit Sie in einem einsamen Bergtal in den Alpen leben und es nicht darauf an kommt, ob man weltweite Beziehungen benötigt, dann kann es egal sein, welche Regierung das Land regiert. Sind Sie aber als Unternehmer im Handel tätig und benötigen die Wirtschaftsbeziehungen zu anderen Ländern, so kann das Listing auf der „Grey List" der FATF zu Problemen bei der Abwicklung vom Zahlungsverkehr oder anderen Bankgeschäften führen.[53]

Seit dem Sommer 2024 befindet sich neben Kroatien mit Monaco ein weiteres europäisches Land auf dieser so genannten Grey List der Anti-Geldwäsche-Behörden.[54]

---

[53] https://www.fatf-gafi.org/en/countries/black-and-grey-lists.html (Stand 26.12.2024).
[54] https://www.fatf-gafi.org/en/countries/black-and-grey-lists.html (Stand 26.12.2024).

Abbildung 2 - Liste der Länder unter Beobachtung und Hochrisikoländer, Quelle: FATF Stand Dezember 2024, Grafik: eigene

Lebt man in Monaco, so kann dann plötzlich erhöhter Erklärungsbedarf bei Zahlungen nach Monaco oder bei Zahlungen aus Monaco beim Empfänger entstehen. Genauso kann plötzlich die Herkunft Ihres Vermögens hinterfragt werden und Ihnen wird zusätzliche Transparenz abverlangt. Es wird zwar nicht unmöglich, aber möglicherweise schwieriger oder komplexer.

Neben dem normalen Zahlungsverkehr der westlichen Welt spielt der Zugang zum Internet und Kryptowährungen eine immer zentralere Rolle. Einige Länder beschränken den Zugang oder die Nutzung bestimmter Systeme, auch im Bereich der Verschlüsselung oder Nutzung von VPN-Systemen. In anderen Ländern ist das Internet instabil oder gar die Stromversorgung nicht dauerhaft gewährleistet. Also nicht nur die rechtlichen Rahmenbedingungen beginnend bei Grundrechten können eine Rolle spielen, sondern auch die technischen Möglichkeiten und faktischen Einschränkungen.

In diesem Zusammenhang wird einem dann auch die Bedeutung einer weiteren Staatsbürgerschaft bewusst: droht eine Musterung zum Wehrdienst oder die Einziehung im Krisenfall, so sollte die Einreise in ein Land dessen Staatsbürgerschaft man besitzt und das noch konfliktfrei ist, problemlos möglich sein. Glücklich sind die, die aufgrund ihrer Eltern zwei Staatsbürgerschaften besitzen können oder die aufgrund eines längeren Auslandsaufenthalts oder ihrem

Migrationshintergrund zwei Staatsbürgerschaften besitzen können. Aber es gibt auch andere Wege.

Einen anderen oder zweiten Pass?

Warum sollte man sich darüber Gedanken machen, einen weiteren Pass zu besitzen, wenn einem der eigene (deutsche, spanische, italienische, finnische, französische usw.) Pass in 192 Ländern der Welt eine visafreie Einreise ermöglicht[55]? Also nach landläufiger Sicht schon fast die maximale persönliche Mobilität vorhanden ist – nur ein Pass aus Singapur übertrifft dieses Ranking aktuell noch.[56]

Zudem erlaubt einem die Staatsbürgerschaft eines EU-Landes uneingeschränkte Freizügigkeit und Niederlassungs-

---

[55] https://www.henleyglobal.com/passport-index/ranking (Stand 28.12.2024).
[56] https://www.henleyglobal.com/passport-index/ranking (Stand 28.12.2024).

freiheit in allen 27 EU-Mitgliedstaaten.[57] Mehr geht doch eigentlich nicht.

Visafreie Einreise heißt in diesem Zusammenhang nicht, dass hiermit ein unbegrenzter Aufenthalt oder gar eine Arbeitsaufnahme in dem jeweiligen Land erlaubt sei.

In der Regel ist damit eine erleichterte Einreise für touristische Zwecke gemeint. Man muss also nicht vorher in die Botschaft des Ziellandes gehen und dort ein Visum für die Einreise beantragen, dass einem noch in überkommener Form nach einer Sicherheitsprüfung meistens in den Reisepass eingeklebt oder vorher auf elektronischem Weg beantragt und erteilt wird.

Für die „Schönwetterphasen" des Lebens mag das absolut beruhigend sein. Schließlich steht den unbeschwerten Ferien keine große Bürokratie entgegen.

---

[57] https://www.europarl.europa.eu/factsheets/de/sheet/40/niederlassungsfreiheit-und-dienstleistungsfreiheit (Stand 28.12.2024).

Was geschieht in den anderen, den schwierigen Zeiten? Und damit sind nicht die wirtschaftlich schwierigen Zeiten gemeint. Der Russland-Ukraine-Krieg führt uns die Themata aktiv vor Augen:

Russische Staatsbürger sind plötzlich Sanktionen ausgesetzt, Einreisebeschränkungen können ad personam oder auch nach der Staatsbürgerschaft ausgesprochen, Eigentum konfisziert werden. Im eigenen Land kann dem Staatsbürger der Einzug zum Wehrdienst drohen oder die Ausreise generell beschränkt werden.

Egal wie man hierzu insgesamt stehen mag, eindrücklich wird einem aber aufgezeigt, welche Beschränkungen plötzlich im Sinne des Staates möglich sind.

Gedanklich kann man den NATO-Konfliktfall mit einer Beitrittsverpflichtung ebenso durchspielen und man muss dann feststellen, dass einen entsprechende Einschränkungen genauso ereilen könnten. Reservisten der Bundeswehr wissen darüber noch viel besser Bescheid.

Und dann muss man feststellen, dass die Idee eines weiteren Passes (gleichzusetzen mit einer weiteren Staatsbürgerschaft) nicht so schlecht sein muss. Hiermit macht man sich unabhängig von Visumsanträgen, Aufenthaltserlaubnissen oder Arbeitsberechtigungen in dem jeweiligen anderen Land oder Region.

Vor allem muss man im Kopf behalten, dass niemandem auf die Stirn geschrieben steht, welche Staatsbürgerschaft man innehat. Bei einer Einreise in ein Land ist es also vollkommen legal, den „anderen Pass" vorzulegen und sich bei der Passkontrolle in die Schlange der Einheimischen einzureihen.

Der legale Erwerb einer weiteren Staatsbürgerschaft kann also erhebliche Erleichterungen mit sich bringen.

In einigen EU-Staaten und einigen anderen Ländern der Welt[58] gibt es so genannte „golden passports" oder „golden visa" Programme.

Letztere sind in der Regel Erleichterungen bei der Erteilung eines Aufenthaltstitels durch Investitionen in dem jeweiligen Land.

Meistens stehen diese Investitionen in Verbindung mit einem verlorenen Investment in einen Staatsfonds und dem Erwerb einer Immobilie im Land. Andere Länder öffnen sich für den Fall von Investitionen in die Wirtschaft in bestimmter Höhe im jeweiligen Land (etwa Investor-Visa in den USA[59]).

In einigen Ländern ist es möglich die Staatsbürgerschaft zu erwerben, wenn der Vater oder die Mutter bereits diese besessen hatte/besitzt und das leibliche Kind in einem anderen Land mit einer anderen Staatsbürgerschaft bzw. der

---

[58] U.a. Großbritannien, Kanada, USA, VAE, Neuseeland, Singapur, Australien.
[59] https://www.uscis.gov/working-in-the-united-states/permanent-workers/eb-5-immigrant-investor-program (Stand 28.12.2024).

des Ehepartners aufgewachsen ist. In den wenigsten Fällen dürfte aber diese Konstellation zutreffend sein.

Der Weg zu einem richtigen Pass, den man legal erworben hat, ist in der Regel langwieriger. Die Einbürgerung in ein Land ist aufgrund der damit verbundenen Vorteile nicht selten mit vielen Bedingungen verknüpft.

Neben sprachlichen und weiteren Voraussetzungen ist häufig auch eine Mindestaufenthaltsdauer im Land erforderlich, bevor man entsprechende Anträge stellen kann.

Die nachstehend genannten Fristen sind teilweise auch noch nach Landesrecht zu interpretieren: vor allem betrifft dies meistens die Dauer des Aufenthalts im Lande bevor an eine Einbürgerung zu denken ist. Manchmal bedeutet dies, dass die gesamte Zeit erfüllt sein muss, aber je nach Land reicht auch eine kürzere Frist der legalen Anwesenheit im Land aus.

Land	Mindestdauer
Australien	4 Jahre
Bahamas	10 Jahre

Brasilien	3 Jahre
Dänemark	9 Jahre
Deutschland	5 Jahre
Finnland	5 Jahre
Frankreich	5 Jahre
Guernsey	6 Jahre
Irland	3 Jahre
Italien	10 Jahre
Kanada	3 Jahre
Litauen	10 Jahre
Luxemburg	5 Jahre
Niederlande	5 Jahre
Norwegen	7 Jahre
Österreich	6 Jahre
Schweden	5 Jahre
Schweiz	10 Jahre
Spanien	10 Jahre
USA	5 Jahre

Abbildung 3 - Übersicht über die Zeiten in denen man im Land gelebt haben muss, bis ein Antrag auf Erteilung der Staatsbürgerschaft gestellt werden kann; Quelle: eigene Recherchen, Stand Dezember 2024

Grundsätzlich ist der Rat des Autors für diejenigen, die sich aufgrund eines bisherigen Aufenthaltes in einem Land für eine Staatsbürgerschaft qualifizieren, abzuwägen, was diese einem selbst für Vor- und Nachteile bringt.

Braucht es neben der deutschen auch die französische Staatsbürgerschaft? Eigentlich nicht, denn beides sind EU-Staatsbürgerschaften, die mit mehr oder weniger gleichen Rechten verbunden sind. Anders ist es, wenn Sie georgischer Staatsbürger sind und jetzt die Möglichkeit haben, die deutsche Staatsbürgerschaft zu erlangen. Sie machen sich damit unabhängig von Aufenthaltsgenehmigungen usw. Die Nachteile sollten nicht zu gross sein, wenn man auf die Sondervorschriften des AStG[60] oder des ErbStG[61] abstellt, die mit der deutschen Staatsbürgerschaft verknüpft sind.

Wenn Sie die für Sie vorteilhafte Staatsbürgerschaft ohne großen Aufwand erhalten können, warum sollten Sie zögern?

---

[60] § 2 Abs. 1 AStG.
[61] § 2 Abs. 1 Nr. 1 b) ErbStG.

Am Beispiel Schweiz zeigt sich die Vorteilhaftigkeit des Erwerbs der Staatsbürgerschaft vor allem beim Erwerb einer lokalen Wohnimmobilie: als Ausländer mit Aufenthaltsrecht (B- oder C-Bewilligung[62]) können Sie in der Schweiz Immobilien jeglicher Art erwerben bzw. anmieten. Verlieren Sie Ihr Aufenthaltsrecht durch Wegzug oder aus anderen Gründen, so müssen Sie Ihre im Eigentum gehaltene Wohnimmobilie innerhalb einer bestimmten Frist wieder verkaufen. Dies soll der Überfremdung des Immobilienmarktes in der Schweiz entgegenwirken und wurde 1983 mit der Lex Koller[63] eingeführt[64].

Natürlich ist es möglich, in touristischen Gebieten eine Immobilie auch als Ausländer, der nicht in der Schweiz ansässig ist, zu erwerben, aber hierfür braucht es ein entsprechendes Kontingent und verschiedene Rahmenbedingungen (maximale m²-Fläche usw.) müssen

---

[62] https://tinyurl.com/479kme5p (Stand 10.02.2025).
[63] Zur Zeit der letzten Überarbeitung des Gesetzes war Herr Arnold Koller Bundesrat in der Schweiz.
[64] https://de.wikipedia.org/wiki/Lex_Koller (Stand 30.12.2024).

eingehalten werden. Aber diese Immobilien sind dann nicht in Zürich, Basel, Bern oder Genf zu finden.

Wie kann man das Problem lösen? In der Regel nur dann, wenn man die schweizerische Staatsbürgerschaft besitzt. In diesem Falle können Sie auch ins Ausland ziehen, ohne Ihre Immobilie verkaufen zu müssen.

Warum kann das wichtig werden? Stellen Sie sich vor, Sie arbeiten in der Schweiz und erhalten einen neuen Job in den USA. Wenn Sie Ihre Familie mitnehmen, so wird die Aufenthaltserlaubnis in der Schweiz in der Regel spätestens zwei bis vier Jahre nach dem Wegzug[65] erlöschen und damit auch Ihr Recht, eine Wohnung in der Schweiz im Eigentum zu halten.

Findet dieser Jobwechsel in einer Zeit statt, in welcher der Immobilienmarkt „am Boden liegt", weil beispielsweise die Zinsen gestiegen sind und die Immobilien abgewertet

---

[65] In der Regel erlischt sie mit Aufgabe des Lebensmittelpunktes durch Umzug in der Schweiz sofort. Es gibt aber Möglichkeiten entsprechende Verlängerungen zu erwirken. Es ist aber eine Ermessensentscheidung der Kantonalen Behörden. Siehe weiteres unter Art. 61 Abs. 2 AIG (Schweiz).

wurden, dann müssen Sie fast jeden gebotenen Preis akzeptieren, denn Sie müssen ja verkaufen. Konsequenterweise dürften Sie dann einen entsprechenden wirtschaftlichen Verlust erleiden. Sie können die Wohnung nicht einfach vermieten und als Anlageobjekt behalten[66], das lässt das Gesetz nicht zu. Hier zeigt sich die Relevanz der Staatsbürgerschaft für die Absicherung des wirtschaftlichen Eigentums. Der Entzug der Staatsbürgerschaft ist schwieriger als der Entzug oder Verlust der Aufenthaltsbewilligung.

In diesen Fällen zeigt sich dann die Vorteilhaftigkeit eines Schweizer Passes: hat nur ein Ehepartner/ Lebensgefährte die Schweizer Staatsbürgerschaft, so kann dieser auch die Wohnung weiter im Eigentum behalten.

Ein vielleicht unvorteilhafter Verkaufszwang bei einem Auslandsaufenthalt entfällt dann und die Familie kann die Wohnung oder das Haus vermieten oder einfach nur behalten.

---

[66] Vor Gestaltungen, die als Scheingeschäfte eingeordnet werden, oder Treuhandgestaltungen wird in diesem Zusammenhang eindrücklich gewarnt. Am Ende können Sie dabei mehr verlieren als gewinnen.

Solche Regelungen wie in der Schweiz sind weltweit nicht einmalig. Häufig darf Grundeigentum nur von eigenen Staatsbürgern erworben werden, was häufig auch ein Investitionshindernis ist. Insofern kann dies auch eine entsprechende Motivation darstellen, eine weitere Staatsbürgerschaft dieses Landes zu erwerben.

Andere Fälle können sein, dass man als Bürger eines sanktionierten Landes legal ein Geschäft in einem anderen Land aufbauen möchte, die bisherige Staatsbürgerschaft aber zu viele Hürden für eine wirtschaftliche Aktivität beinhaltet, als die eines anderen Staates. So kann es z.B. einfacher als EU-Bürger sein, sich in der EU zu bewegen, als ein Drittstaaten-Bürger.[67]

Durch die Begrenzungen wird natürlich auch Talent aus anderen Staaten nicht unbedingt angezogen. Eine

---

[67] https://www.bloomberg.com/news/articles/2024-12-30/iran-oil-how-to-get-inside-the-western-financial-system (Stand 30.12.2024) in diesem Fall haben ein Iranische Bürger über eine Dominica-Staatsbürgerschaft und eine EU-Staatsbürgerschaft Zugoang zum westlichen Finanzsystem erhalten und für ihre Geschäfte genutzt.

nichtselbständige Beschäftigung zählt für die „Blue Card"; für eine Selbständigkeit ist meistens eine gut sechsstellige Investition notwendig. Für Start-ups ist das fast unmöglich aufzubringen, die Hürden sind teilweise Fluch und Segen zu gleich.

Spanien überlegt, mit dem Verweis auf Kanada und Dänemark, derzeit eine Art der Grunderwerbsteuer für Nicht-EU-Bürger in Höhe von 100% auf den Kaufpreis der Immobilie einzuführen. Damit soll der Wohnraumknappheit entgegen gewirkt werden, zumindest soweit diese durch Käufer aus Nicht-EU-Ländern bewirkt werden sollte.[68]

In den USA berechtigt die so genannte Green Card dazu, dort zu arbeiten und zu leben. Über die Green Card-Lotterie[69] werden solche Kontingente verlost, aber „Gewinner" eines solchen Loses zu sein bedeutet nicht, dass man automatisch eine Green Card erhält, sondern man erhält nur die

---

[68] https://tinyurl.com/ycye5zfp Artikel in der FT „Spain proposes 100% tax on property purchases for non-EU buyers" (Stand 14.01.2025); https://tinyurl.com/4xjxs2ex Catalan News (Stand 19.01.2025).
[69] Diversity Immigrant Lottery https://www.usa.gov/green-card-lottery.

Möglichkeit aus einem Kontingent von 55.000 Green Cards eine zu erhalten, wenn man die jeweiligen Voraussetzungen für die Erteilung einer Green Card auch erfüllt.

Die Teilnahme an der Lotterie und der „Gewinn" öffnet also nicht gleich das Tor in die USA.

In letzter Zeit politisch umstritten ist der Erwerb der Staatsbürgerschaft in den USA durch Geburt[70] und der 47. Präsident der USA hat dieses Recht durch Präsidialerlaß für diejenigen beendet, die nicht legal eingewandert sind oder die sich nicht dauerhaft in den USA aufhalten.[71] Vor allem seit dem Ende des zweiten Weltkrieges wurde von dieser Möglichkeit aufgrund des ius soli bewusst oder unbewusst oft Gebrauch gemacht, indem Nachkommen absichtlich in den USA zur Welt gebracht wurden. Ein solcher

---

[70] https://en.wikipedia.org/wiki/Birthright_citizenship_in_the_United_States (Stand 29.12.2024).

[71] https://www.whitehouse.gov/presidential-actions/2025/01/protecting-the-meaning-and-value-of-american-citizenship/ (Stand 21.01.2025) natürlich ist es möglich, dass die Verfassungsmäßigkeit dieses Erlasses gerichtllich überprüft wird.. Der 14. Verfassungszusatz lautet: „All persons born or naturalized in the United States, and subject to the jurisdiction thereof, are citizens of the United States and of the State wherein they reside."

Geburtstourismus wurde zuletzt auch von Eltern aus Rußland oder den GUS-Staaten beobachtet[72]. Der Gedanke dabei ist klar: das Kind soll beste Bildungsmöglichkeiten bzw. Chancen im Job haben oder auch im Fall der Fälle unkompliziert in die USA einreisen können. Gegebenenfalls können dann sogar die Eltern mit einreisen. Die Möglichkeiten, die sich aus dem US-amerikanischen Pass ergeben können, wurden meistens durch einen dreimonatigen Touristenaufenthalt in den USA recht kostengünstig als Plan B erworben. Die Änderungen der „birthright citizenship" der USA im Jahr 2025 gelten nur für die Geburten, die erst 30 Tage nach Inkrafttreten der Präsidialverfügung erfolgen – bereits erworbene Staatsbürgerschaften bleiben offensichtlich hiervon unberührt. Es bleibt abzuwarten wie und ob sich diese Regelungen in Zukunft wieder ändern. Erste Gerichtsverfahren zur Überprüfung der Rechtmäßigkeit des

---

[72] https://www.focus.de/familie/schwangerschaft/geburtstourismus-in-den-usa-tausende-reiche-russinnen-reisen-in-florida-kleinstadt-damit-ihr-baby-us-buerger-wird_id_10335705.html (Stand 29.12.2024).

Präsidialerlasses sind bereits seit Januar 2025 anhängig und es bleibt spannend, wie der mehrheitlich konservativ besetzte Supreme Court in den USA darüber entscheiden wird.

Von diesen Möglichkeiten abgesehen gibt es auch noch sogenannte „Golden Passport" Programme. Hier kann man die normalen - oben beschriebenen - Wartezeiten abkürzen und Bedingungen meistens erleichtern. Beliebt sind solche Programme vor allem bei vermögenden Nicht-EU-Bürgern, die sich darüber und ohne großen Administrativaufwand eine Staatsbürgerschaft in Europa erkaufen[73] um die Vorteile der EU nutzen zu können. Vor allem muss dabei das andere Land auch die Doppelstaatsbürgerschaft erlauben.

Außerhalb Europas sind als Zielländer vor allem Antigua und Barbuda[74], Ägypten, Dominica[75], Grenada[76], Moldau[77],

---

[73] https://www.berliner-zeitung.de/news/zypern-entzieht-dutzende-von-goldenen-paessen-russen-und-ukrainer-betroffen-li.2276806 (Stand 30.12.2024).
[74] https://cip.gov.ag/ (Stand 29.12.2024).
[75] https://www.cbiu.gov.dm/ (Stand 29.12.2024).
[76] https://imagrenada.gd/ (Stand 29.12.2024).
[77] https://cbi.gov.md/ (Stand 29.12.2024).

Nord-Mazedonien, St. Kitts and Nevis, Türkei[78] und Vanuatu zu nennen.

Allen gemein ist eine Investition in das Land selbst, durch Kauf einer Immobilie oder/ und eine verlorene Zahlung in einen Fonds des Landes zur Wirtschaftsförderung o.ä.. Bei Vorliegen der Voraussetzungen erhält man die Staatsbürgerschaft dieses Landes, die mit allen Vor- und Nachteilen einhergeht, die ein solcher Pass mit sich bringen kann. Die Vorteile können beispielsweise visafreie Reisen sein; bei den Nachteilen sind andere Parameter zu beachten, wie zum Beispiel steuerliche Aspekte.

Der Aufwand für eine solche Staatsbürgerschaft beläuft sich je nach Geschmack und Ziel auf zwischen etwa 150.000 EUR und bis zu weit über 1 Mio. EUR und mehr. Die Dauer für den Erwerb liegt bei bis zu 12 Monaten.

Aufgrund der internationalen Konflikte der letzten Jahre ist in diesem Zusammenhang aber auch zu beachten, dass ein

---

[78] https://www.invest.gov.tr/en/investmentguide/pages/acquiring-property-and-citizenship.aspx (Stand 29.12.2024).

zweiter Pass oder auch eine durch Geburt erworbene Staatsbürgerschaft keine absolute Sicherheit bieten. So wurden beispielsweise in Zypern zahlreiche Staatsbürgerschaften wieder entzogen[79], wenn deren Erwerb als illegal eingestuft wurde.

Ein anderer interessanter prominenter und aktueller Fall bezieht sich auf die Ehefrau des ehemaligen Syrischen Präsidenten Assad, Frau Asma al-Assad. Sie ist in Großbritannien als Kind syrischer Eltern geboren worden und besitzt daher die englische Staatsbürgerschaft. Nach der Flucht der Familie Assad Ende 2024 nach Moskau scheint Frau Assad wieder nach Großbritannien einreisen zu wollen.

Ob dabei ihre Erkrankung eine wesentliche Rolle spielt oder nicht, kann dahin gestellt bleiben. Es wird öffentlich behauptet, dass ihr Pass seit 2020 abgelaufen sei. In diesem Zusammenhang scheint es dann den britischen Behörden

---

[79] https://www.derstandard.de/story/2000142695872/zypern-entzog-zahlreichen-investoren-die-staatsbuergerschaft (Stand 31.12.2024).

einfach, die Einreise zu verweigern[80] und dies, obwohl ihr die englische Staatsbürgerschaft bislang nicht entzogen worden sei.

Ein solcher Sachverhalt wäre nach deutschem Recht nicht möglich, danach darf einem deutschen Staatsbürger die Einreise nach Deutschland nicht verweigert werden, auch wenn er über keine gültigen Reisedokumente verfügt.[81]

Die abgelaufenen Reisedokumente können den Bestand der Staatsbürgerschaft nicht beeinflussen. Diese sind ja nur ein öffentliches rechtliches Dokument zum Nachweis der Identität. Die Staatsbürgerschaft dagegen verliert man in der Regel im Rahmen eines Aberkennungsverfahrens, soweit dieses rechtlich zulässig ist.[82]

---

[80] https://www.welt.de/politik/ausland/article255001858/Syrische-Ex-First-Lady-Trotz-Krebserkrankung-Asma-al-Assad-darf-nicht-nach-Grossbritannien-reisen.html (Stand 31.12.2024).

[81] § 10 PassG Abs III: „Die Einreise in den Geltungsbereich dieses Gesetzes darf einem Deutschen nicht versagt werden."

[82] Analog der Fahrerlaubnis im Strassenverkehr: Sie haben einen Führerschein und eine Führerscheinkarte, die Ihre erworbenen Fähigkeiten gegenüber Dritten nachweist. Solange Sie diese vorlegen können gibt es zunächst keinen Grund das Fehlen der Fahrerlaubnis anzunehmen. Diese Fahrerlaubnis wird Ihnen nämlich durch Entscheidung der Behörde in einem

Natürlich wird der Sachverhalt bei der Einreise überprüft werden, so kann zum Beispiel auch das abgelaufene Dokument zur Glaubhaftmachung der Staatsbürgerschaft verwendet werden. Aber ein Sachverhalt wie er aktuell in Großbritannien zu beobachten ist, wäre in Deutschland ausgeschlossen.

Möchte man also die Rückkehroption behalten, so wäre es nicht ratsam, auf die Staatsbürgerschaft zu verzichten. Hat ein Deutscher zudem ohne Zwang freiwillig auf die deutsche Staatsbürgerschaft verzichtet, so wird es für ihn fast unmöglich diese auf schnellem Wege (mit Verweis auf die Abstammung) wieder zurück zu erlangen.

Zusammenfassend ist damit festzuhalten: eine weitere Staatsbürgerschaft kann dann interessant sein, wenn man sich hiervon zusätzliche Vorteile in einem bestimmten (Krisen)-Szenario erhofft. Aktuell bietet die Staatsbürgerschaft eines

---

Bescheid entzogen und diese Tatsache in den Datensystemen der Polizei vermerkt. Solange die Führerscheinkarte bei Ihnen vorhanden ist, kann nur über eine behördliche Abfrage das Fehlen der Fahrerlaubnis festgestellt werden, bis Ihnen die Führerscheinkarte physisch abgenommen wird.

EU-Staates bereits eine sehr hohe weltweite Akzeptanz und beinhaltet verschiedene Freiheiten innerhalb der EU.

Der Erwerb der Staatsbürgerschaft kann durch Geburt und Naturalisierung (Einbürgerung) nach fünf bis zehn Jahren Ansässigkeit vonstatten gehen. Daneben gibt es noch Erleichterungen bei der Einbürgerung aufgrund Heirat oder manchmal auch Abstammung.

Einige Länder bieten die Staatsbürgerschaft im Gegenzug gegen Investitionen an, womit der Erwerb der Staatsbürgerschaft insgesamt beschleunigt wird.

Gesondert davon ist immer das „Golden Visa", die Green Card oder Blue Card zu betrachten, hier geht es nur um ein befristetes oder unbefristetes Aufenthalts- und Arbeitsrecht in einem anderen Land unter Beibehaltung der ursprünglichen Staatsbürgerschaft.

Sinn und Zweck eines weiteren Passes muss jeder für sich entscheiden und einordnen, vor allem die damit verbundenen Vor- und Nachteile im Einzelfall.

Europa vs. Rest der Welt?

Diese Gegenüberstellung ist nicht willkürlich gewählt, schon gar nicht mit einem kolonialistischen oder imperialistischen Hintergedanken. Die Europäische Union besteht mit ihren Vorgängerinstitutionen seit 1948 und hat in den letzten 70 Jahre das Leben der Bürger in Europa ganz erheblich geprägt.

Neben den Freiheiten für die Wirtschaft hat sie aber vor allem die Freizügigkeit für die EU-Bürger und den Schengen-Raum gebracht. Jeder EU-Bürger kann damit in einem der größten internationalen Wirtschaftsräume frei entscheiden, wo er leben möchte. Und damit muss sich kein Bürger der EU darüber Gedanken machen, <u>ob</u> er an einem Ort seiner Wahl in der EU leben darf.

Jeder Bürger der 27 EU-Staaten wird so in die Lage versetzt, recht einfach „auszuwandern". Im eigentlichen Sinne bedeutet hier Auswandern das dauerhafte Verlassen des Heimatlandes.

Als Heimatland oder Heimat bezeichnet der Duden das „Land, den Landesteil oder Ort, in dem man [geboren und] aufgewachsen ist oder sich durch ständigen Aufenthalt zu Hause fühlt (oft als gefühlsbetonter Ausdruck enger Verbundenheit gegenüber einer bestimmten Gegend)".

Mit dieser Definition wird auch das traditionelle Bild vermittelt, das eine Auswanderung beinhaltet, man verlässt sein Land. In der Regel wird darunter das Geburtsland verstanden. Trotz der Europäischen Union bezeichnen sich die EU-Bürger heute immer noch nach ihren Nationalstaaten, als Deutsche, Franzosen, Spanier usw. Ganz wenige bezeichnen sich als Europäer. Der Idee der EU schadet das nicht, denn von der Idee sieht die EU ihre eigene Stärke in den einzelnen Mitgliedstaaten mit ihren jeweiligen Besonderheiten und Regionen, die eben Europa ausmachen.

Ausprägung hat dies im Begriff des Europas der Regionen gefunden.[83]

Damit ist die Binnenmarktmigration, wie der Umzug innerhalb der EU genannt werden kann, ein anderes Wort für Auswandern aus dem Geburtsland. Diese Binnenmarktmigration ist aber auch integraler Bestandteil der Europäischen Union und absolut erwünscht.

In der Tat ist es so, dass man mit dem Umzug in ein anderes Land das komplette Umfeld verändert: Sprachen, Traditionen, Rechtsordnungen, Gewohnheiten usw.

Die Europäische Union hat im Rahmen der Schaffung des Binnenmarktes nicht nur die Belange der Wirtschaft berücksichtigt, sondern auch für die Mobilität der Bürger gesorgt.

Diese Mobilität beinhaltet nicht nur, dass die Ausbildung der Mitgliedstaaten untereinander anerkannt wird, dass Bildung

---

[83] Euregio – Regionen oder auch „Strategie Europa 2020": https://eur-lex.europa.eu/DE/legal-content/summary/europe-2020-the-european-union-strategy-for-growth-and-employment.html (Stand 22.11.2024).

und das Verständnis für die anderen Länder über Austauschprogramme für Schüler und Studenten über Erasmusprogramme ermöglicht wird, sondern es ist für die Mobilität auch notwendig, dass die Belange der sozialen Sicherung für die Bürger so abgesichert werden, dass diese kein Mobilitätshindernis darstellen.

So hat die EU Regeln dafür geschaffen, dass der Bürger eines EU-Mitgliedstaates, wenn er in einem anderen EU-Staat arbeitet, daraus keine Nachteile erfährt. Die Rentenversicherungsbeiträge in einem Land werden in dem anderen Land anerkannt und am Ende des Arbeitslebens können diese alle zusammengerechnet werden.[84]

Am Tätigkeitsort ist der Arbeitnehmer in der Regel krankenversichert und Arbeitslosenversicherung wird für den Arbeitnehmer eingezahlt. Letztere wird auch gegenseitig anerkannt, sodass ein Einzahlungszeitraum in einem Land in

---

[84] https://www.deutsche-rentenversicherung.de/DRV/DE/Rente/Ausland/Europarecht/europarecht_detailseite.html (Stand 18.01.2025).

einem anderen Land wirksam für die soziale Absicherung im Falle der Arbeitslosigkeit werden kann.[85]

Natürlich sind die nationalen Rechtsordnungen und vor allem das nationale Steuerrecht noch nicht harmonisiert und von daher ergeben sich für einen Wohnsitzwechsel innerhalb der EU immer noch genügend Unbekannte. So gilt es neben der Sprache noch vieles mehr zu lernen, wenn man innerhalb der EU umzieht. Aber zumindest wird die Basis bereit gestellt.

Mit diesen und einigen anderen Regelungen will die Europäische Union den innereuropäischen Austausch, die Bildung, den Zugang zu Arbeitsmärkten und die innereuropäische Migration fördern. Für den EU-Bürger sollen keine Nachteile daraus entstehen, dass er im europäischen Ausland arbeiten will oder muss.

Der Austausch in der Schul- oder Studienzeit[86] legt die Basis für das Verständnis anderer Kulturen und schafft es, die

---

[85] https://europa.eu/youreurope/citizens/work/social-security-and-benefits/social-security/index_de.htm (Stand 18.01.2025); Verordnung (EG) Nr. 883/2004.
[86] Z.B. https://www.erasmusplus.de/ .

Bereitschaft im EU-Ausland zu arbeiten zu erhöhen. Daneben werden Sprachbarrieren abgebaut und neue Ideen im internationalen angestoßen.

	EU	Rest der Welt	DBA	Handelsabk.
Personenfreizügigkeit	✓	✗		
Arbeitslosenversicherung	✓	✗		
Rentenversicherung	✓	✗		
Kapitalverkehrsfreiheit	✓	✗		
Dienstleistungsfreiheit	✓	✗		✓
freier Warenverkehr	✓	✗		✓
Einkommensteuern	✗	✗	✓	
Vermögenssteuer	✗	✗	✓	
Umsatzsteuer	✓	✗		
Körperschaftssteuer	✗	✗	✓	
Einfuhrzölle/ Ausfuhrzölle	✓	✗		✓
Erbschaftssteuerrecht	✗	✗	✓	
Eherecht	✓	✗		
Erbrecht	✓	✗		
Schulabschlüsse	✓	✗		
Berufsausbildung	✓	✗		
Führerscheine	✓	✗		
Vebraucherschutz	✓	✗		

Abbildung 4 - Übersicht zu Harmonisierungsregelungen im Vergleich, ohne Anspruch auf Vollständigkeit; Quelle: eigene Recherchen, Grafik: eigene

Viele Bürger übersehen häufig die Hintergründe für die Gründung der europäischen Union und oftmals wird diese abfällig als „Monster der Bürokratie" bezeichnet.

Es geht natürlich nicht ohne Regelungen und da das Wirtschaftsleben komplex ist sind natürlich auch die Regelungen hierfür nicht minder komplex. Außerdem haben die Mitgliedsländer noch eine Kompetenz, die Regelungen nach den Leitplanken der europäischen Vorgaben umzusetzen. Sie können deshalb Teil des bürokratischen „Problems" werden.

Bei dieser Diskussion darf nie vergessen werden, dass Regelungen der EU nicht diktatorisch von oben durch die EU-Kommission entschieden werden. Die Mitgliedstaaten, vertreten durch die jeweiligen Regierungschefs, müssen den Regelungen im Europäischen Rat zustimmen und diese dann auch national umsetzen. Ebenso spielt das vom Bürger direkt gewählte Europaparlament auch eine Rolle in diesem

Gesetzgebungsverfahren, in das es entsprechend eingebunden ist.[87]

Durch die in Abbildung 4 exemplarisch aufgeführten Gebiete wird aber auch klar, welche Vorteile man als EU-Bürger in der EU gegenüber einem Drittstaat hat. Der Europäische Wirtschaftsraum (EWR) schließt die EFTA-Staaten (ohne Schweiz) mit der EU zusammen, wobei innerhalb der EU/EFTA-Bürger einen gegenüber Drittstaaten bevorzugten Status haben.

Handelserleichterungen werden meistens über Freihandelsabkommen erreicht, wodurch der Waren- und Dienstleistungsverkehr erleichtert wird und i.d.R. Zölle abgebaut werden. Damit gehen aber selten individuelle Freiheiten für die Bürger der beteiligten Abkommensstaaten einher.

Abbildung 4 zeigt auch auf, dass nur bei den Umsatzsteuern in Europa eine Form der Harmonisierung über die Art und

---

[87] Mehr dazu in Art. 294 AEU.

Weise der Erhebung - nicht über die Steuersätze - statt gefunden hat, weil es hier in der Regel um den Leistungsaustausch von Waren und Dienstleistungen geht.

Bei den Ertrags- und anderen Steuern gibt es dagegen keine Harmonisierung. Die Gründe dafür liegen darin, dass Ertragssteuern an die Rechtsinstitute des jeweiligen nationalen Rechts anknüpfen. So bestehen beispielsweise erhebliche Unterschiede zwischen dem BGB und dem französischen Code Civil; die Gewinnermittlungs- vorschriften der einzelnen Länder sind genauso unterschiedlich.

Eine europaweite Harmonisierung der Einkommenssteuer- Regeln, was noch nicht bedeutet, dass die %-Sätze dann gleich wären, würde eine Harmonisierung des Rechts und der Begriffe in allen Mitgliedsstaaten erfordern. Ein solches Vorhaben ist aufgrund der Komplexität und aufgrund der Auswirkungen auf alle Europäer in naher Zukunft sehr unwahrscheinlich zu realisieren.

Hier werden in der Regel Doppelbesteuerungsabkommen[88] greifen, die bilateral zwischen zwei Staaten geschlossen werden – soweit diese überhaupt abgeschlossen werden. Diese bestehen z.B. zwischen Deutschland und Frankreich, wie auch zwischen Deutschland und den USA. Da es sich um bilaterale Abkommen handelt besitzen diese nur wenig Wirksamkeit gegenüber dritten Staaten.

Doppelbesteuerungsabkommen weisen Besteuerungsrechte zu und verhindern so, dass man für ein Einkommen in zwei Staaten Steuern zahlen muss. Doppelbesteuerungsabkommen sind keine Pflicht. Es sind Werkzeuge der Nationalstaaten um Beziehungen zu einem Land zu verbessern, zu unterstützen, zu regeln und um Doppelbelastungen zu vermeiden.

Deutschland hat per Januar 2024 insgesamt 96 Doppelbesteuerungsabkommen für Einkommenssteuern und sechs für Erbschaftssteuern abgeschlossen.[89]

---

[88] DBA.
[89] https://tinyurl.com/4yfsdewe (Stand 18.01.2025) BMF zu DBA.

Soweit die EU keine vollständige Harmonisierung erreicht hat, so kann sie aber - wie im Erbrecht geschehen - dafür Sorge tragen, dass ein EU-Bürger zum Beispiel ein Testament unter dem Recht seiner Staatsbürgerschaft errichten kann und dass dieses Testament dann auch im Wohnsitzstaat in der EU anerkannt wird.[90]

---

[90] Verordnung (EU) Nr. 650/2012 über Erbsachen und zur Einführung eines Europäischen Nachlasszeugnisses (Stand 18.01.2025).

Beispiel: nach internationalem Zivilrecht gilt für das anwendbare Recht im Falle des Ablebens das Recht des Wohnortes. Hat jetzt der Wohnort zum Beispiel die nationale Regelung, dass ein Verzicht auf den Pflichtteil nie wirksam vereinbart werden kann, so kann ein zuvor in einem anderen Mitgliedstaat der EU wirksam vereinbarter Pflichtteilsverzicht am neuen Wohnort vielleicht für unwirksam erklärt werden. Um dieser und anderen Folgen entgegen zu wirken kann der EU-Bürger im EU-Ausland das auf sein Testament anwendbare Recht selbst bestimmen. Damit werden die Bürger in die Lage versetzt, ein Recht zu wählen, das ihnen vielleicht vertrauter ist als das Recht am neuen Wohnort und sie können die bisher getroffenen Regelungen für ihre Nachlassplanung schützen.

Um damit zur Ausgangsfrage in diesem Abschnitt zurückzukommen: Deutschland ist Teil der Europäischen Union und damit haben die deutschen Staatsbürger in 26 anderen Staaten in Europa erleichterte Bedingungen, um sich dort niederzulassen und dort zu arbeiten.

Migration innerhalb Europas ist gewünscht und man ist offen dafür. Zudem findet auch eine Gleichberechtigung im anderen EU-Staat statt, bis hin zur Berechtigung, an Kommunalwahlen teilzunehmen.

Damit wird natürlich der Rest der Welt bei einem Vergleich oft „schlechter" abschneiden, weil man noch mehr Dimensionen hat, um die man sich als Zuwanderer kümmert, wenn erst einmal die Hürden der Zuwanderung überwunden waren.

Aber, die Europäische Union erleichtert den Gedanken des Auswanderns mit begrenztem Risiko. Und die EU bietet alles:

- vom Polarkreis und den Polarlichtern über die höchsten Berge Europas bis zum glühend heißen Sandstrand,

- von der Karibik (Martinique, Guyana, Guadeloupe, usw.) über La Réunion bis hin nach Französisch Polynesien u.a. über die Französischen Aussendepartements, Spanien (Kanarische Inseln), Portugal (Azoren, Madeira), die Niederlande (Aruba, Curacao usw.) und Dänemark,

- einen der größten Binnenmärkte der Welt mit fast 450 Mio. Bürgern.[91]

Damit spielen die verschiedenen Länder in Europa durchaus eine wesentliche Rolle bei den Gedanken, in ein anderes Land zu ziehen.

Die Vorteile gegenüber anderen Staaten machen es dem Einzelnen einfacher bei der Entscheidungsfindung über die Wahl seines Arbeitsortes oder des Lebensmittelpunktes.

Insofern ist die polarisierende Überschrift dieses Abschnitts zu Recht gewählt.

---

[91] https://tinyurl.com/9tywt8ph (Stand 04.02.2025) Destatis zu Basistabelle Bevölkerung.

Rechtstaatlichkeit/ Rechtsordnung

Würden Sie nach Nord-Korea auswandern wollen?

Das ist eher etwas für besondere Enthusiasten. Da aber Sicherheit bei vielen Auswanderern ganz oben steht, ist damit nicht nur die physische Sicherheit gemeint, sondern auch die rechtliche.

Hier bewegen wir uns in ein Gebiet, das die wenigsten Menschen auf dem Schirm haben. Besonders in Deutschland liegt die Messlatte mit dem Grundgesetzt und den Prinzipien des Rechtsstaats recht hoch.

Dies führt dazu, dass die Exekutive in Deutschland im Vergleich zu anderen Staaten häufig auch berechenbar ist. Hat man die Prinzipien verinnerlicht, so kann man die groben Züge des Verwaltungshandelns usw. nachvollziehen. Beim Steuerrecht herrscht nach allgemeiner Auffassung eher eine permanente Ungerechtigkeit, aber auch hier gibt es gewisse Prinzipien aus dem Verfassungsrecht, wie zum Beispiel das

Rückwirkungsverbot von Gesetzen in abgeschlossene Zeiträume usw.

Mit dem Grundgesetz hat Deutschland sowieso eine weltweit relativ einmalige Grundordnung geschaffen, die vor allem den Bürger vor der Willkür des Staates schützen soll. Und Willkür ist immer eine Ausprägung eines Verhaltens von Staatsorganen, die nicht berechenbar sind – und manchmal auch prinzipienlos.

Natürlich kann das Parlament entsprechende Gesetze erlassen, arbeitet das Parlament in Deutschland aber ungenau, so kann ihm diese ungenaue Arbeit auch vom Verfassungsgericht rechtlich korrigiert werden.

Gleiches gilt für das Handeln der Bundesregierung, hier gibt es Rechtsmittel für das Parlament, die Bundesländer und auch den Bürger.

Jüngstes prominentes Beispiel ist das zweite Haushaltsnachtragsgesetz 2021[92], welches aus verschiedenen wichtigen verfassungsrechtlichen Gründen verworfen wurde und welches bei der Bundesregierung ein recht grosses Finanzierungsloch von 60 Mrd. EUR im Jahr 2022 hinterließ.

Eine solche Klarheit und Adhärenz zu den grundgesetzlich hinterlegten Rahmenbedingungen bringt häufig auch unsere europäischen Nachbarn ins Staunen. Nicht selten hört man „ihr mit Eurem Verfassungsgericht" getragen von Unglaube und Unverständnis.

Kein anderes Land der Welt hat die Rechtsstaatlichkeit als Konsequenz der Erfahrungen des Dritten Reichs so umfassend umgesetzt und zu einem Bestandteil des Erfolgsmodells in Deutschland werden lassen.

---

[92] Urteil des Zweiten Senats vom 15. November 2023 - 2 BvF 1/22 - zum zweiten Nachtragshaushaltsgesetz 2021 und Bundesverfassungsgericht Pressemitteilung 104/2022 https://tinyurl.com/239u4vuk (Stand 15.01.2025).

Vorhersehbarkeit der Entscheidungen und auch der Verwaltung gibt Sicherheit für Investitionen und auch für ihre Bürger.

Als Bürger in Deutschland weiß man, dass man vor der Polizei keine Angst haben muss und auch entsprechende Rechte gegenüber der Polizei hat. Eine Tatsache, die in anderen Ländern nicht so selbstverständlich ist und man vermeidet dort eher den Kontakt mit den Sicherheitsbehörden. Zu negativ sind die Erfahrungen mit diesen und die Kontrollmittel eher gering oder nicht existent.

Viele Bürger meinen, dass manchmal die Rechtsprechung zu lasch oder die Maßnahmen der Polizei zu sanft oder je nach Standpunkt eben das Gegenteil sind. Deutschlands Exekutive ist geprägt vom Verhältnismäßigkeitsgrundsatz und dieser wird im Großen und Ganzen auch befolgt.

Die Rechtsprechung im strafrechtlichen Bereich ist auch vom Gedanken der Resozialisierung geprägt und nicht vom Gedanken der Rache oder Vergeltung nach dem Prinzip „Auge um Auge". Und, dass jeder Mensch, der sich in

Deutschland befindet auch den Schutz des Grundgesetzes beanspruchen kann, wird manchmal gerne in Frage gestellt. Aber das Grundgesetz ist der Kitt der Gesellschaft und die Basis des Zusammenlebens in Deutschland.

Dass es in anderen Ländern vielleicht nicht so sein könnte, wird gerne vergessen. Wenn Sie nach Frankreich schauen, dann sollte man einmal das Augenmerk auf das Vorgehen der Polizei gegenüber Attentätern richten. Haben Sie schon einmal davon gehört, dass in Frankreich jemals ein Attentäter der letzten Jahre eine Festnahme überlebt hätte?

Der einzige überlebende Attentäter aus dem Bataclan-Attentat im November 2015 wurde im März 2016 in Belgien festgenommen und dann nach Frankreich überstellt[93] und mit einem Urteil im Jahr 2022 in Frankreich verurteilt.

In Spanien ist die Guardia Civil als militärisch organisierte Polizeieinheit bekannt für ihr hartes Durchgreifen und höchst respektiert. Diese Einheit besteht seit über 180 Jahren und

---

[93] Wikipedia zu Bataclan-Prozeß https://tinyurl.com/wb9zk6vk (Stand 12.02.25).

von daher ist das Selbstverständnis ganz anders ausgeprägt und von verschiedenen Perioden der spanischen Geschichte beeinflusst.

Man muss also nicht besonders weit gehen, um auf diese Unterschiede aufmerksam zu werden. In jedem anderen Land der Welt gibt es eine andere Geschichte und andere Hintergründe des Entstehens.

Tatsächlich gesehen besitzt Großbritannien keine kodifizierte Verfassung. Es ist vielmehr so, dass die Rechtsprechung bestimmte Prinzipien identifiziert hat, die zu beachten sind. Grundsätzlich gibt es damit keine Regel, die nicht einfach zu ändern wäre, wenn das Parlament darüber entscheidet. Hier zeigt sich die Schwäche des Systems, theoretisch können Regelungen durch eine einfache Mehrheit des Parlaments geändert werden, für deren gleiche Änderung es in Deutschland eine Zweidrittelmehrheit im Parlament und im

Bundesrat braucht[94], weil das Grundgesetz nicht einfach durch einfachere Mehrheit des Parlaments zu verändern ist.

Dass es in Großbritannien keine kodifizierte Verfassung gibt, dürfte die meisten überraschen, da sich England ja als konstitutionelle Monarchie und eine der älteren Demokratien bezeichnet.

Die fehlende Verschriftlichung der Verfassung macht es für den Bürger schwieriger, die einzelnen Prinzipien zu verstehen und Verfassungsfragen werden damit auch zu Themen der Rechtsgelehrten gemacht.

Die Schweiz hat sich im Jahr 1999 eine neue Verfassung gegeben, die erstmalig die durch die Rechtsprechung bis dahin entwickelten Grundrechte verschriftlicht hat.[95] Mit 59% der abgegebenen Stimmen wurde diese Verfassung vom Schweizer Volk angenommen.

---

[94] Artikel 79 GG, Artikel 1 und 20 GG können gar nicht geändert werden.
[95] Wikipedia Bundesverfassung Schweizer Eidgenossenschaft
https://tinyurl.com/5n8xh7am (Stand 12.02.2025).

Beim Durchlesen dieser Verfassung fällt auf, dass eine Rechtsweggarantie erst durch Volksabstimmung als Artikel 29a in die Verfassung aufgenommen wurde. Und besonders augenfällig ist dabei, dass hier von einer richterlichen Behörde – und nicht einem Gericht - gesprochen wird und auch noch dem Bund und den Kantonen das Recht zugesprochen wird, eine richterliche Überprüfung von Handlungen durch Gesetz auszuschließen. Im Wortlaut: „Jede Person hat bei Rechtsstreitigkeiten Anspruch auf Beurteilung durch eine richterliche Behörde. Bund und Kantone können durch Gesetz die richterliche Beurteilung in Ausnahmefällen ausschließen."[96]

In der Konsequenz kann durch ein einfaches Gesetz der Rechtsweg ausgeschlossen werden und damit kann theoretisch auch eine Prüfung der Rechtmäßigkeit einer Handlung der Regierung ausgeschlossen werden.

Mit so einer Vorschrift sind natürlich Tür und Tor für Phantasien offen. In Deutschland kann sich niemand dem

---

[96] https://lawbrary.ch/law/art/BV-v2021.03-de-art-29a/ (Stand 04.02.2025).

Rechtsweg entziehen, ein solches Gesetz wäre wohl per se schon verfassungswidrig.

Zudem kann die Schweizer Verfassung durch Volksbegehren jederzeit geändert und angepasst werden, was auch regelmäßig geschieht.

Diese Beispiele lassen sich fortsetzen und sicher finden Sie bei jedem Land das eine oder andere, was einem fremd vor kommen kann. Aber so ist das eben im Ausland, man geht dorthin, weil es dort anders ist und damit sind diese Rahmenbedingungen auch zu akzeptieren. Gefällt es einem nicht, so steht es einem frei zu gehen.

Natürlich gibt es auch praktische Themen, die eine Rolle spielen können: wie effizient ist die Rechtsprechung und wie schnell erhalten Sie ihr Recht? Welche Kosten sind mit der Wahrnehmung der Interessen verbunden? Ist der Rechtsrat verlässlich weil er prinzipienbasiert erteilt wird, oder hängt es von anderen Faktoren ab.

Auch mit der Tatsache, dass Persönlichkeitsrechte, Minderheitenschutz oder Datenschutz in einem Land nicht so eng gesehen werden, wie Sie das gewohnt sind, müssen Sie leben und eine Abwägung treffen, ob Ihnen das lieb ist, möglicherweise mit weniger Rechten zu leben.

Beim Baurecht kann es sein, dass es unterschiedliche, subjektive Auffassungen über zulässige Bauausführungen gibt, bis hin zu den unverblümt vorgetragenen Wünschen nach entsprechenden „Zuwendungen" in Genehmigungsverfahren. Ganz zu schweigen, ob für jeden Bau auch eine ordentliche Baugenehmigung vorliegt, die am Ende auch rechtlich sicher ist.

Je nach Ihrem Vorhaben kann es also absolut notwendig sein, dass Sie anwaltlichen Rat im Vorfeld einholen, um Ihre Vorhaben zu planen und um mögliche rechtliche Risiken zu verstehen.

Auch in Bezug auf das Steuerrecht sollten Sie Ihre Schritte im Vorfeld prüfen lassen. Sowohl im Wegzugsland, als auch im Zuzugsland. Deutschland hat wie einige andere Länder dieser Welt eine Wegzugsbesteuerung im Außensteuerrecht verankert. Mit der Folge könnte jeder unbedarfte Wegzug aus Deutschland für den Inhaber einer Kapitalgesellschaft zu einem steuerlichen Desaster werden.

Brauchen Sie die Beratung in Deutschland, so können Sie froh sein, dass hier rechtstaatliche Prinzipien eine Rolle spielen. Beim Zuzug in ein anderes Land ist es möglich, dass Ihnen dort keine rechtliche Gewissheit gegeben werden kann und Sie mit einer gewissen Ungewissheit leben müssen, gleichwohl haben Sie in diesem Moment auch die Planungshoheit, die Freiheit alles so auszugestalten, wie Sie und ihre Berater es für sinnvoll oder sicher erachten.

Es ist von daher auch in diesem Zusammenhang wichtig, dass Sie sich mit den Rahmenbedingungen des Landes kritisch auseinandersetzen. Es kann helfen, sich mit anderen Auswanderern oder deutschen Beratern vor Ort auszutauschen, um die Rahmenbedingungen besser zu erfassen.

Gesundheitswesen

Nicht unterschätzen sollte man diesen Punkt: wie sieht es mit der Versorgung im Gesundheitswesen aus?

Um es gleich vorwegzunehmen: in anderen Ländern gibt es auch sehr gute Ärzte. Es kommt vielleicht darauf an, wie die technische Ausstattung ist, welche Geräte verfügbar sind usw. Oder wie wird mit älteren Patienten umgegangen?[97] Welche ethische Herangehensweise gibt es bei Transplantationen, Sterbehilfe und der Triage?

Gesundheit ist aber auch ein sehr persönliches Thema, das Vertrauen braucht. Fehlt das Vertrauen, so fühlen Sie sich nicht wohl. Vertrauen fängt natürlich damit an, dass Sie sich verstanden fühlen. Gibt es also Sprachbarrieren, so werden Sie sich nie in einem fremden Land in dieser Hinsicht wohl fühlen. Dies trifft vor allem immer mehr zu, je älter Sie werden.

---

[97] Beispiel Schweden: Die Welt vom 04.07.2024, „In Schweden ist es völlig akzeptiert, wenn Menschen über 80 nicht mehr beatmet werden" https://tinyurl.com/yckjja9j (Stand 04.02.2025).

Bestehen diese Barrieren, so müssen Sie sich rechtzeitig Gedanken machen, wie im Fall der Fälle mit bestimmten Situationen umgegangen werden soll.

Wollen Sie in ihrem Geburtsland behandelt werden oder irgendwo anders? Wie sieht es mit einem Altersheim aus?

Unabhängig davon: wie bin ich versichert? In welcher Versicherung kann ich, muss ich sein?

Was deckt die ausländische Versicherung ab und was nicht? Selbst in der EU können so erhebliche Unterschiede in den Versicherungsleistungen bestehen.

Eindrücklich wird dies im Verhältnis zur Schweiz: dort ist jeder Einwohner verpflichtet, eine eigene Krankenversicherung (Grundversicherung) abzuschließen.[98] Eine Familienversicherung bei nichtselbständiger Arbeit gibt es nicht. D.h. Kinder sind nicht bei den Eltern mitversichert.

---

[98] Vergleich zu Krankenkassen bei www.comparis.ch; https://tinyurl.com/2rdhz5vr (Stand 12.02.2025).

Eine deutsche Versicherung darf Sie nicht in der Schweiz versichern, die entsprechende Dienstleistungsfreiheit besteht nicht. Damit müssen Sie in der Schweiz eine Grundversicherung abschließen und können ergänzend noch Zusatzversicherungen abschließen.

So liegt beispielsweise die Grundversicherung für einen 25 jährigen mit 1.000 CHF Selbstbeteiligung (Franchise) bei etwa mindestens 250 bis 380 CHF pro Monat. Der 55-Jährige zahlt dann bei gleicher Selbstbeteiligung wenigstens 350 bis 500 CHF im Monat. Bei einer vierköpfigen Familie liegen die Kosten der Grundversicherung schnell bei weit über 1.000 CHF im Monat.[99] Leicht ist es dann etwa 25.000 CHF pro Jahr nur für die Krankenversicherung mit einer mittelmäßigen Zusatzversicherung aufzuwenden; und je älter Sie werden, desto höher fallen diese Kosten dann auch aus. Hinzu kommt noch ein weiterer Faktor: in der Schweiz

---

[99] https://www.comparis.ch/krankenkassen/default (Stand 30.12.2024) Hier müssen Sie noch den Wohnort durch Postleitzahl bestimmen, im weiteren können Sie über das Geburtsjahr und die Franchise (die Selbstbeteiligung) dann die möglichen Prämien berechnen.

variieren die Prämien auch noch nach Ihrem Wohnort. Wohnt man in Basel oder in Pfäffikon (SZ), die Beiträge können, wie die Steuerbelastung, sehr unterschiedlich sein.

Die Grundversicherung deckt nur die absolut notwendigen Versorgungen ab. Zusatzversicherungen sind dann nach oben keine Grenzen gesetzt. Nach meiner Erfahrung ist der Zahnarztbesuch aber als Zuwanderer in der Schweiz nicht mehr zusätzlich versicherbar, wenn bereits auch nur ein kariöser Zahn in der Vergangenheit entdeckt wurde. Dafür muss man dann immer selbst aufkommen.

Damit wird klar, dass diese Kosten in der Schweiz nicht zu vernachlässigen sind. In anderen Ländern kann die Grundversorgung viel günstiger sein oder sogar im Aufenthaltsrecht inkludiert sein.

Europäische Konkurrenz gibt es bei den Versicherern in der Schweiz nicht. Insofern muss man mit dem lokalen Angebot vorlieb nehmen, wenn nicht eine der wenigen Ausnahmeregelungen zutrifft.

Wichtig ist auch: in einem Beschäftigungsverhältnis in der Schweiz trägt der Arbeitgeber nichts von den Krankenversicherungskosten des Arbeitnehmers. Natürlich kann es freiwillige Zusatzleistungen des Arbeitgebers geben, aber dies ist eben nicht die Regel.

Der kurze Vergleich in Europa zeigt, dass man nichts als gegeben voraussetzen darf und kann. Selbst in der EU kann die Versorgung unterschiedlich ausfallen, obwohl es Sozialversicherungsabkommen u.ä. gibt. In Frankreich erhalten Sie beispielsweise im Rahmen der gesetzlichen Versicherung immer das günstigste Generikum vom Arzt verschrieben oder die Verschreibung von Schmerzmitteln ist viel restriktiver.

Zieht man in ein anderes Land, so kann es für die dort Ansässigen ein umfassendes bis hin zu einem überhaupt nicht staatlich finanzierten Gesundheitssystem geben – mit allen finanziellen Konsequenzen.

Eine sorgfältige Information und eine individuelle Planung steht hier für jeden an, um kostspielige Überraschungen zu vermeiden.

Wirtschaftsflüchtlinge

Eine Rezession in einem Land befeuert oft die Bereitschaft, das Land zu verlassen und sein Glück in einem anderen Land zu versuchen. Im Jahr 2023 gab es weltweit mehr als 184 Mio. Menschen, die aus wirtschaftlichen Gründen in einem anderen Land gearbeitet haben.[100]

Neben den politischen und sozialen Gründen dürfte dies für viele Auswanderer die Hauptmotivation sein, gefolgt von klimatisch bedingten Auslösern.

---

[100] Für 2019 aus dem Europaparlament: https://www.europarl.europa.eu/topics/en/article/20200624STO81906/exploring-migration-causes-why-people-migrate (Stand 31.12.2024); für 2023: https://www.worldbank.org/en/topic/migration/brief/remittances-knomad (Stand 31.12.2024) .

Dies gilt insbesondere für das Verhältnis Deutschland – Schweiz[101], aber auch z.B. für Kroatien/Polen/Bulgarien/ Rumänien im Verhältnis zu Deutschland.

Selbstverständlich geht damit einher, dass es auch andere Sozial- oder Gesundheitsvorsorgestandards in dem Zielland geben mag und dieses von daher besonders attraktiv erscheint.

Die Bedeutung der Wirtschaftsflüchtlinge in der Welt belegt auch die Höhe der Geldtransfers, die jedes Jahr von Auswanderern zurück zu ihren Familien getätigt werden.

So lagen diese im Jahr 2023 weltweit bei geschätzt ca. 670 Mrd. USD[102] und übertrafen damit auch die direkten Auslandsinvestitionen (FDI) in den Ländern. Für die im Heimatland gebliebenen sind diese Zahlungen damit von

---

[101] https://www.welt.de/wirtschaft/plus255019618/Schweiz-Auswandern-Wer-gesucht-wird-und-welche-Gehaelter-auf-Sie-warten.html (Stand 20.01.2025) ; https://www.blick.ch/wirtschaft/60-prozent-mehr-lohn-deutsche-zeitung-wirbt-fuer-die-schweiz-als-auswanderungsland-id20511394.html (Stand 20.01.2025).
[102] https://www.worldbank.org/en/news/press-release/2023/12/18/remittance-flows-grow-2023-slower-pace-migration-development-brief (Stand 31.12.2024).

erheblicher Bedeutung, genauso wie für die dortige Wirtschaft.

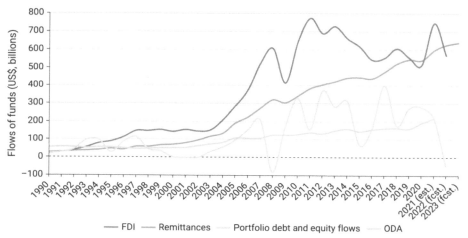

Figure 5.2 Remittances represent a large and growing share of external financing flows to low- and middle-income countries

Source: World Bank 2022a.

Note: The figure covers low- and middle-income countries as classified by the World Bank. The data for 2021 are estimates; the data for 2022 and 2023 are forecasts. Portfolio flows include both debt and equity investments. If China were excluded, trends would show remittance flows exceeding FDI flows over the last five years. FDI = foreign direct investment; ODA = official development assistance.

Abbildung 5 - Übersicht über die Gelder, die von Immigranten in deren Heimatländer geschickt werden; Quelle: World Development Report 2022, Seite 128

Für Deutschland sind diese Zahlen schwierig zu bestimmen und auch nicht maßgeblich, denn Deutsche wandern in der

Regel nicht aus, um Geld an ihre Familie nach Deutschland zu schicken.

Es gibt seit Jahren einen Überschuss an deutschen Auswanderern gegenüber den deutschen Staatsbürgern, die zurück nach Deutschland kommen.

Nachfolgende Grafik, die auf Basis der Zahlen des Statistischen Bundesamts erstellt wurde, zeigt diesen Überschuss an Auswanderern auf. Leider reichen die Zahlen nur bis 2008 zurück. Hinzu kommt, dass es im Jahr 2016 eine erhebliche Abweichung nach oben gibt.

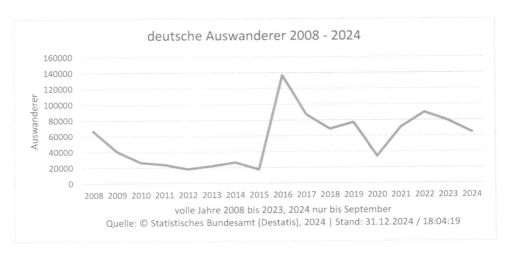

Abbildung 6 - Übersicht über deutsche Auswanderer (Nettoberechnung: Auswanderer ./. Rückwanderer pro Jahr); Grafik: eigene

Auf Nachfrage beim Statistischen Bundesamt wurde diese Abweichung damit erklärt, dass ab 2016 auch die Wegzüge als „Wegzüge in das Ausland" erfasst wurden, die einen „Wegzug nach Unbekannt" bei der Abmeldung angegeben haben. Ebenso wurde bei den Zuzüglern verfahren.

Bei der Abmeldung bleibt es jedem frei, mitzuteilen in welches Land er sich abmelden möchte. Wenn das noch unsicher ist, so kann man auch „unbekannt" angeben. Bis 2015 wurden diese Wegzügler aber statistisch nicht als Auswanderer erfasst. Von daher wäre die Vermutung sicherlich falsch, dass der Anstieg der Nettoauswanderung von Deutschen mit einer gestiegenen Anzahl von Asylbewerbern seit 2015 in Zusammenhang stehen könnte.

Vermutlich dürften sich ab 2020 die Zahlen allmählich wieder „normalisieren" und die Datenqualität besser werden und vielleicht bessere Rückschlüsse auf Entwicklungen in Deutschland zulassen.

Zudem gilt es zu beachten, dass die Angaben auf dem Einwohnermeldeamt absolut freiwillig sind, d.h. es gibt kaum eine Möglichkeit der Überprüfung des Wahrheitsgehaltes der Erklärung, egal ob der Wegzugsort stimmt oder nur die Angabe „unbekannt". Auch damit müssen diese Zahlen mit Vorsicht genutzt werden, wenn es um die Bestimmung der Zahl der tatsächlichen Auswanderer geht.

Die aktuellen wirtschaftlichen Rahmenbedingungen dürften sich vermutlich erst im Jahr 2025 richtig abzeichnen[103], so wie in 2008 der Euro- und Finanzkrise auch ein Peak bei den Auswanderern zu verzeichnen war. Erste Alarmzeichen in diesem Zusammenhang gibt es bereits. Wobei aber die Abwanderung ganzer Firmen länger dauert und in der Regel mit Verlust des Kapitals und Know-Hows verbunden ist.

Die vermögenden Einzelpersonen und Unternehmensinhaber werden sich ebenfalls entsprechend entscheiden, wobei dies naturgemäß keine so genannten „Bettkanten-

---

[103] https://deutsche-wirtschafts-nachrichten.de/710080/goodbye-germany-abbau-und-abwanderung-der-deutschen-wirtschaft (Stand 03.01.2025); https://www.n-tv.de/wirtschaft/Wird-2024-das-Jahr-der-Deindustrialisierung-article24848278.html (Stand 03.01.2025); https://www.n-tv.de/wirtschaft/Wirtschaftsverbaende-fuerchten-Firmen-Abwanderung-article25453760.html (Stand 03.01.2025).

entscheidungen" sind. Es braucht in der Regel mehr Planung und Vorbereitung.

Das Streben nach wirtschaftlicher Prosperität und persönlicher Sicherheit sind sicherlich zwei prioritäre Gründe für die Auswanderung.

So wird häufig im Verhältnis zur Schweiz das durchweg höhere Lohnniveau ins Feld geführt, das auch Deutsche vorrangig anlocken würde.[104] Insgesamt muss aber dabei jeweils die individuelle Situation beachtet werden.

Erstens gibt es je nach Wohnort in der Schweiz ganz erhebliche Unterschiede in der Besteuerung des Einkommens. In einigen Orten kann die Steuerlast durchaus gleich oder höher ausfallen als in Deutschland.[105]

---

[104] https://www.blick.ch/wirtschaft/60-prozent-mehr-lohn-deutsche-zeitung-wirbt-fuer-die-schweiz-als-auswanderungsland-id20511394.html (Stand 20.01.2025).

[105] So zum Beispiel in Genf oder Basel. https://www.estv.admin.ch/estv/de/home/die-estv/steuerstatistiken-estv/steuerrechner.html (Stand 20.01.2025).

Zweitens sind neben den bereits oben genannten erheblichen Kosten für die Gesundheitsvorsorge die Kosten für Wohnraum von 20,00 CHF/m² auf dem Land bis weit über 50,00 CHF/m² in den Städten nicht unerheblich. Vor allem lässt sich beobachten, dass die Mietpreise in Wohnorten mit niedriger Steuerlast durchweg höher sind.

Die Lebenshaltungskosten für Nahrungsmittel sollten nicht außer acht bleiben, so kostet nach unseren Recherchen die normale Butter zwischen 15,80 CHF pro kg und die Bio-Butter 22,50 CHF/kg. Milch kostet zwischen 1,85 und 1,95 CHF pro Liter[106]. Damit sind auch die Lebenshaltungskosten insgesamt höher und die müssen damit von dem höheren Gehalt beglichen werden. (Lebenshaltungskosten in Europa im Überblick auf Seite 329). Schon vor Jahren erzählte ein bei einer Schweizer Bank angestellter Deutscher, dass seine Frau arbeiten gehe, ihr Nettogehalt aber gerade dafür reichen

---

[106] https://www.coop.ch/de/lebensmittel/milchprodukte-eier/milch/frische-milch/c/m_0057 (Stand 20.01.2025).

würde, die Kosten für den Kindergarten ihrer zwei Kinder zu decken.

Vor einer Auswanderung in die Schweiz sollte man sich also ein genaues Bild über die damit verbundenen Kosten machen[107] und bei Vergleichen auch genau auf den Gehalt der einzelnen Aufstellungen achten. Lohnzettel sehen von Land zu Land auch unterschiedlich aus und beinhalten unterschiedliche Komponenten, die obendrein nicht ohne weiteres verglichen werden können.

Wirtschaftsflüchtling zu sein ist kein vorwerfbares Verhalten. Denn jeder möchte sich im Laufe seines Lebens in der Regel persönlich wirtschaftlich verbessern und sich und seiner Familie ein gutes Auskommen sichern.

Das Streben nach Sicherheit hört man auch immer öfters bei den Motivationen für Auswanderer. Nur ist das immer eine maximal subjektive Motivation und schwer nachvollziehbar.

---

[107] https://www.grenzgaengerdienst.de/lebenshaltungskosten-schweiz-vergleich (Stand 20.01.2025).

Der Autor hat einige Jahre im Frankfurter Bahnhofsviertel gelebt. Weder für sein Frau noch ihn gab es dort jemals das Gefühl der persönlichen Unsicherheit. Das Bahnhofsviertel in Frankfurt hat natürlich seinen Ruf. Aber für den Autor war es ein Ort in Frankfurt, an dem man nach 01:00 Uhr in der Nacht auch noch etwas essen oder einkaufen konnte, während andere Teile Frankfurts wie ausgestorben waren. Persönlich hat er keine Kriminalität gegen seine Frau oder ihn erlebt. Das bedeutet nicht, dass sie dort nicht vorhanden war. Man muss sich einfach an ein paar Regeln halten und die sind keine große Belastung. Kommen Sie aber unbedarft aus einem ruhigen Vorort, dann sind sie schockiert weil Sie zunächst damit nicht umgehen können und weil das Leben dort für Sie „ab derjenigen Norm" ist, die Sie sich vorstellen. Das muss aber jeder für sich selbst entscheiden.

Nur der Grund, dort weg zu ziehen, war sicher nicht die Kriminalität, sondern eher eine wirtschaftliche Entscheidung.

Womit wir wieder bei Thema sind.

Eine Auswanderung aus wirtschaftlichen Gründen ist Teil des Lebens und das ist jedem gerne zuzugestehen. Vor allem muss aber auch bedacht werden, dass einem im anderen Land nichts geschenkt wird. Es kann Jahre dauern, bis man entsprechend etabliert und integriert ist und die wirtschaftliche Kalkulation aufgeht, wenn der Wegzug nicht gleich mit einem höher dotierten Job in Verbindung stand.

Zahlreiche Auswanderer dürften das selbst erlebt haben, vor allem auch die Rückwanderer, von denen auch einige zurück nach Deutschland kommen, weil sie sich am neuen Ort nicht wohl gefühlt haben oder wirtschaftlich auch nur begrenzten Erfolg hatten.

Wirtschaftliche Freiheit – weniger Administration

Sehr häufig wird heute die als erdrückend aufgefasste Bürokratie für den fehlenden wirtschaftlichen Erfolg und einen Wegzug genannt. Nach Ansicht des Autors ist dies meistens nur ein Grund von vielen, vor allem sind es strategische Entscheidungen der Vergangenheit, die heute eine Rolle bei wirtschaftlichen Fehlentwicklungen spielen.

Aber das Argument ist so alt wie das mit den Kirschen in Nachbars Garten.

Natürlich können Sie innerhalb von 15 Minuten eine Gesellschaft in Großbritannien gründen, und das ohne Notar und sonstige administrativen Beschränkungen, alles online. Aber hängt an dieser Tatsache wirklich alles? Mit der Firma selbst werden Sie nicht automatisch Millionär oder erfolgreicher Unternehmer. Es braucht einiges mehr.

Es ergibt viel mehr Sinn, sich die wirtschaftlichen und sonstigen Rahmenbedingungen anzuschauen. In diesem Zusammenhang ist der Ease of Doing Business Index der Weltbank[108] eher anzuschauen.

Hier gibt es zahlreiche Hinweise auf die Unterschiede in verschiedenen Länder und eine Einordnung der Tatsachen (Rechtssicherheit, Handelshemmnisse, Firmengründung,

---

[108] https://archive.doingbusiness.org/en/rankings (Stand 08.01.2025).

Steuern etc.) ins Verhältnis zueinander. Aktuell führt diese Liste Neuseeland vor Singapur an. Deutschland liegt dort auf Platz 22 und die Schweiz auf Platz 36.[109]

Ein eher grobes Werkzeug in diesem Zusammenhang ist das CIA Factbook[110], welches generelle Informationen über alle Länder der Welt zur Verfügung stellt.

Damit sind wir bei einer der Grundüberlegungen: warum wollen Sie auswandern? Was ist das Ziel?

Die bereits oben genannten „Beweggründe" sind in diesem Zusammenhang wichtig.

Ein anderes Argument, das in der aktuellen Diskussion häufig angeführt wird, sind die steigenden Energiekosten, die die wirtschaftlichen Aktivitäten in ihrem Erfolg begrenzen.

Hier kann zum Beispiel erwähnt werden, dass die CO_2-Steuer nicht weltweit gleich erhoben wird, sondern nur in bestimmten Ländern der Welt.[111] Kombiniert mit einem

---

[109] w.v., siehe Liste im Anhang auf Seite 326ff..
[110] https://www.cia.gov/the-world-factbook/ (Stand 08.01.2025).
[111] https://de.wikipedia.org/wiki/CO2-Steuer (Stand 13.01.2025).

Emissionshandel soll die Reduktion von CO_2 in dem jeweiligen Land erreicht werden. Damit werden energieintensive Industrien einen Standortnachteil haben, weil sie im Falle der Erhebung der CO_2 Steuer mindestens in einer Übergangsphase höhere Energiekosten zu gewärtigen haben als andere Länder, wie zum Beispiel die USA, die nur teilweise eine CO_2-Steuer oder eine CO_2 Abgabe erheben. Hinzu kommt, dass der Preis pro Tonne CO_2 nicht in allen Ländern gleich hoch sein muss.[112]

Ohne in eine Diskussion über Sinn und Zweck dieser Steuer eintreten zu wollen, bleibt es bei der Tatsache, der höheren Kosten, die alle betreffen, soweit fossile Brennstoffe genutzt werden: Produktionsunternehmen, Autofahrer, Wohnungs-besitzer, usw. Wer sein Geschäftsmodell nicht zeitnah anpassen kann oder will, der wird wettbewerblich ausgegrenzt werden, weil andere noch günstiger produzieren

---

[112] https://de.statista.com/statistik/daten/studie/1421127/umfrage/hoehe-der-co2-bepreisung-nach-laendern/ (Stand 13.01.2025).

können. Hier gilt es die Weichen für die Zukunft zu stellen, wenn keine Änderung oder Lösung in Sicht ist.

Gleiches gilt für Kosten der Arbeit: nehmen Sie einen Betrieb, der von ungelernten Mitarbeitern abhängig ist. Wenn der Betrieb in der Schweiz im Kanton Zürich steht, wird ein Mindestlohn von 23,90 CHF[113] pro Stunde fällig. Ein paar Kilometer weiter nördlich in Deutschland würde der gleiche Betrieb für ungelernte Arbeiter nur 12,82 EUR pro Stunde zahlen müssen.[114] Im Verhältnis zur Schweiz ist das umgerechnet fast nur die Hälfte![115] Der Produktionsfaktor Arbeit ist also zum halben Preis zu haben. Wenn Sie Ihr Produkt ungeachtet des Produktionsstandortes zum gleichen Preis verkaufen können, dann wären Sie ein schlechter

---

[113] https://einwandern-schweiz.ch/arbeiten-in-der-schweiz/mindestlohn-schweiz/ (Stand 13.01.2025).
[114] https://www.bundesregierung.de/breg-de/aktuelles/gesetzliche-neuregleungen-januar-2025-2324594 (Stand 13.01.2025); hingegen in Italien und Österreich gibt es keine Mindestlöhne, aber tarifliche Bindungen je nach Branche.
[115] Kurs vom 13.01.2025 1 CHF = 1,0649 EUR.

Unternehmer, wenn Sie weiterhin in der Schweiz produzieren würden.

Hinzu kommt noch, dass Sie aufgrund der günstigeren Produktionskosten bei sonst gleichen Faktoren auch eine höhere Steuerlast ertragen können:

	Land A	Land B
jeweils pro Einheit		
Verkaufspreis	100,00	100,00
Produktionskosten		
Personal	60,00	30,00
Sozialversicherung AG	3,18	6,30
Rohstoff/ Energie	20,00	20,00
Marge	16,82	43,70
Steuerlast	2,52	13,11
Ergebnis	14,30	30,59
Annahme Steuerlast	15%	30%
AG Anteil Sozialvers.	5,30%	21%

Abbildung 7 - – fiktive Vergleichsrechnung Lohnkosten i.V.m. Steuerlast und Soz.Vers beim Arbeitgeber; Quelle: eigene Berechnung; Grafik: eigene

In einer Grenzwertberechnung kann man dann natürlich noch mit den einzelnen Faktoren spielen. Oder man nimmt weitere

Parameter auf, um seine Rechnung zu verbessern bzw. diese an die Wirklichkeit anzupassen.

Warum produziert also nicht jeder Schweizer Betrieb in Deutschland? Abgesehen davon, dass es genügend Betriebe gibt, die entsprechend diversifizieren, bleibt anzuführen, dass der Begriff „Made in Switzerland" für eine besondere Qualität oder einen bestimmten Genuss steht: wer wollte denn eine Rolex „Made in Germany" haben oder die „Schokolade aus Deutschland", wenn die „Schweizer Schokolade" für einen besonderen Geschmack steht.

Schon dieses einfache Beispiel zeigt auf, warum man manchmal darauf angewiesen ist, gewisse Preise zu akzeptieren oder eben auch nicht so flexibel in der Standortwahl sein kann oder will.

Geht es um Ihr privates Leben? Dann ist es doch eigentlich egal, wieviel Administration es gibt. Sondern darum, ob Sie dort glücklich sein können und vielleicht auch darum, ob Ihnen der Vermögensaufbau am neuen Ort einfacher oder besser gelingen kann, vielleicht unterstützt von geringeren Steuern.

Eine vielleicht höhere Sparquote, durch eine geringere Steuerlast, und der damit verbundene Zinseszinseffekt ist dabei nicht zu vernachlässigen.

Sparen Sie (siehe Abbildung 8) im Land A jährlich 70 Einheiten (von 100 Einkommen, das mit 30% Steuern belastet ist) und im Land B jährlich 80 Einheiten (nach Belastung mit 20% Steuer), so wird bei gleichbleibendem Zinsertrag die Höhe des verzinsten Ersparten im Land B nach fünf Jahren um ca. 29% höher ausfallen als im Land A, weil auch der Sparbetrag nach Steuern entsprechend höher ist.

Über 100% Rendite mehr erhalten Sie nach fünf Jahren im Land C, wenn sie gar nicht mit Steuern belastet werden, weder beim Sparbetrag noch bei den laufenden Erträgen.

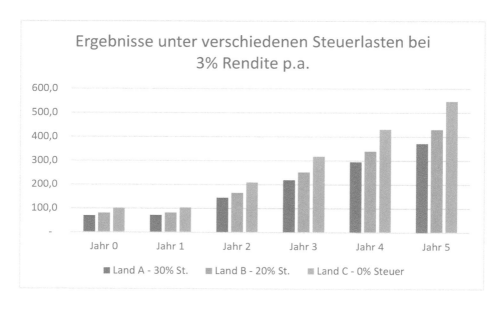

Abbildung 8 - Vergleich der Kapitalentwicklung bei verschiedenen Steuerlasten bei gleicher Sparquote; Quelle: eigene Berechnung; Grafik: eigene

Je weniger Sie also abgeben müssen, desto schneller kann Ihr Vermögen anwachsen.

Liegt die Steuer bei Null, so ist natürlich das Maximum erreichbar. Die vorliegende Rechnung mit 3% Rendite p.a. ist maximal konservativ gehalten und spekulativ. Die absoluten Werte und auch die Ergebnisse steigen bei höheren Renditen natürlich entsprechend.

Geht es um Ihr geschäftliches Leben, dann ist es entscheidend, ob Sie neue Märkte erschließen wollen, Ihre Unternehmen gegen Zugriffe Dritter schützen, steuerliche Lasten reduzieren oder ob Sie vielleicht auch Ihre Unternehmensnachfolge planen wollen.

Die Motivationen lassen sich entsprechend fortsetzen.

Der Unternehmer wird eine Marktzugangsstrategie benötigen, um sein Unternehmen am neuen Markt zu etablieren. Hier gilt es genau abzuwägen, ob es einen Markt für die Services oder Produkte des Unternehmers/ Unternehmens im neuen Markt gibt. Andere Unternehmer werden Ihnen berichten, welche tollen Investitionen und Erfolge sie im jeweiligen Land hatten. Überprüfen können Sie das nicht, Sie müssen es selbst erfahren.

Einige der Mallorca-Auswanderer, die vor allem durch die Medien bekannt wurden, haben vorgemacht, wie es nicht geht.

Einfach ein Café zu eröffnen, auf einer Insel, auf der es bereits hunderte von Cafés gibt, ist nach spätestens einer Saison zum Scheitern verurteilt. Macht eine Person das aufgrund ihres „Ruhmes" als Promi, so kann es vielleicht wegen der Fans ein Jahr länger dauern, bis die Wirtschaftlichkeit des Unternehmens in Frage zu stellen ist.

Haben Sie ein Konzept, ein einzigartiges Angebot oder auch USP, etwas, das es auf der Insel noch nicht gibt, dann kann es natürlich anders aussehen. Das tragfähige Konzept wird über ihren Erfolg entscheiden.

Wenn Sie ein Konzept haben und sich auch entsprechend von Fachpersonen vor Ort beraten lassen - vor allem wenn Sie der lokalen Sprache nicht mächtig sind - , dann werden Sie nicht an der neuen Bürokratie scheitern, sondern Sie sind vorbereitet und haben die beste Hilfe vor Ort.

Gibt es dann noch weniger Bürokratie, one-stop-shops für das Business, dann kann das Unternehmerdasein noch reibungsloser vonstatten gehen. Aber das ist keine Selbstverständlichkeit und sicher nicht die Voraussetzung für

Ihren wirtschaftlichen Erfolg. Dieser stellt sich nur ein, wenn sie ein Produkt mit Gewinn verkaufen können.

Der Ease of Doing Business Index zeigt Ihnen z.B. auch auf, wie lange eine Importabwicklung in das Land im Durchschnitt benötigt – also wie lange die importierte Ware am Zoll „fest hängt" -, oder wie lange es braucht, einen Stromanschluss zu bekommen oder welches Internet verfügbar ist – wobei das mittlerweile in Zeiten von Starlink auch kein Argument mehr für Verzögerungen ist.[116]

Mit den Landesberichten zum Ease of Doing Business Index[117] können Sie aber eine erste Standortevaluation vornehmen und verschiedene Standorte relativ gut vergleichen. Sie werden feststellen, dass Deutschland im internationalen Vergleich auf Platz 22 liegt, hinter u.a. den

---

[116] Sie können, wenn Strom vorhanden ist, buchstäblich zum Festanschlusspreis auf der Berghütte oder im Zelt in der Wüste in hoher Geschwindigkeit streamen und arbeiten. Das Argument der fehlenden Glasfaserkabel für Unternehmen zählt damit schon lange nicht mehr.
[117] Siehe Ranking auf Seite 326ff. im Anhang, Stand Dezember 2024.

USA, den V.A.E., Großbritannien aber vor der Schweiz und Luxemburg.

Die Relevanz der Informationen für Ihr Vorhaben müssen Sie selbst erarbeiten und vielleicht haben Sie auch einen Ansatz, mit dem Sie die vermeintlichen Probleme angehen oder besser als andere lösen können.

Die Privatperson wird sich fragen, wie lange ihr Geld am neuen Ort reicht und wie sich die Kapitalanlage gegen Abgabenlasten usw. optimieren lässt. Vielleicht lässt sich auch die Anzahl der Steuererklärungen reduzieren. Bei Privatpersonen kommt es aber nicht auf die Schnelligkeit der Administration an. Sie werden sich einfinden und werden feststellen, dass in Frankreich eine Verlängerung des Führerscheins einfach online beantragt[118] werden kann – ohne jemals ein Amt zu besuchen. Andere Dinge sind dann komplizierter oder dauern länger… aber Sie leben doch dort,

---

[118] Und auch das neue maschinenlesbare Photo wird dem Amt mit einem Code zur Verfügung gestellt.

es ist kein Wettrennen. Es ist eher der „ease of doing something", der Sie entspannen lässt.

In diesen Momenten messen Sie die Qualität des Lebens anders. Aber die Bürokratie gibt es in jedem Land, nur in einer anderen Form.

Steuersätze nach Wahl?

Bei den Steuern kommen wir zu dem liebsten Kind vermögender und nicht so vermögender Personen: der überbordenden Steuerlast.

Hier gibt es wirklich viele Wiesen, die grüner scheinen als die eigene.

Oft sind es aber auch Fehleinschätzungen mangels konkretem Wissen oder unrealistischen Vorstellungen über die Realitäten.

Das Argument, die Bevölkerung gäbe wegen der Steuern zu wenig aus oder könne zu wenig Vermögen schaffen, ist nicht ganz richtig. So liegt es vor allem an zwei Faktoren: entweder verdienen Sie zu wenig oder die Sozialabgaben sind zu hoch.

Gerade letzteres Argument darf nicht vergessen werden. Während ein unverheirateter Mindestlohnempfänger in Deutschland kaum Steuern pro Monat (bei Lohnsteuerklasse 1 etwa 110 EUR) zahlt, schlagen die Kranken-, Renten-, Pflege- und Arbeitslosenversicherung bei ihm mit ca. 21% des Bruttolohnes zu. Das bedeutet, von brutto 2.000 EUR werden dem Arbeitnehmer 420 EUR direkt an der Quelle zzgl. der Lohnsteuer abgezogen und der Arbeitgeber zahlt das gleiche nochmals für den Arbeitnehmer. Und das geht so bis etwa 8.050 EUR brutto im Monat bei der Renten- und Arbeitslosenversicherung und bei der Kranken- und Pflegeversicherung bis 5.512,50 EUR monatlich im Jahr 2025.

Alle darüber hinaus gehenden Beträge werden nicht weiter mit gesetzlichen Sozialabgaben belastet. In Deutschland ist dann bei einem gesetzlich Versicherten die sogenannte Beitragsbemessungsgrenze erreicht. Bei 7.000 EUR

Monatslohn sind es z.B. ca. 1.440 EUR die zusammen als Sozialabgaben und etwa 1.535 EUR die als Steuer abgezogen werden. Ist er Alleinverdiener in der Familie, dann sind damit auch bereits seine Ehefrau und die drei minderjährigen Kinder in der Krankenversicherung mit versichert, also 5 Personen für einen Beitrag des Arbeitnehmers von etwa 700 EUR pro Monat. Günstiger geht es für den Familienvater nicht.

Dieses Beispiel zeigt, dass die Sozialabgaben insbesondere bei den unteren und mittleren Einkommen für Alleinstehende die Belastung darstellen.

Sobald die Beitragsbemessungsgrenzen überschritten werden, fallen diese Belastungen nicht mehr oder viel geringer an, weil die eigene Vorsorge greift. Das sollte man bei der Gesamtdiskussion nie vergessen.

Im Mindestlohnfall liegt die Gesamtsteuerlast bei durchschnittlich 5 % und bei monatlich 7.000 EUR beim

Alleinstehenden bei ca. 20%.[119] Von zu hohen Steuern zu sprechen ist in diesem Zusammenhang relativ.

Die Steuerlast in Deutschland kennt natürlich nach oben nur die Grenze des Maximalsteuersatzes von 45%, den Sie im Schnitt immer nur näherungsweise erreichen werden.

Bei einem monatlichen Lohn von z.B. 20.000 EUR erreicht man unter Steuerklasse 1 eine durchschnittliche Belastung (inkl. Solidaritätszuschlag) von etwa 37,5%. Inklusive gesetzlicher Sozialabgaben gibt es dann eine Gesamtbelastung von 45%. Natürlich stimmt das Narrativ, dass Sie von jedem mehr verdienten Euro mit Maximalsteuersatz 45% abgeben müssen – die Rechnung stimmt, aber die durchschnittliche Belastung mit Einkommenssteuern liegt mit Sicherheit niedriger.

Die vorstehenden Berechnungen sind rein überschlägige Berechnungen ohne die Berücksichtigung von individuellen Merkmalen: Ehe, Kinder, Behinderungen, Kosten für die

---

[119] https://www.bmf-steuerrechner.de/ (Stand 08.01.2025).

Berufsausübung, Weiterbildung, Abschreibungen usw. bleiben außer acht. Diese können auf individueller Basis die steuerliche Last auch noch weiter senken.

Betrachtet man dann die Besteuerung von Kapitalerträgen - in Deutschland in der Regel durch Abgeltungssteuer an der Quelle erhoben - dann wird eine Steuerlast von 25% zzgl. Solidaritätszuschlag in Höhe von 5,5% fällig.[120]

Besteht Ihr Einkommen also ausschließlich aus inländisch verbuchten Kapitaleinkünften, dann können Sie 1.000.000 EUR im Jahr aus Kapitalerträgen mit einer Steuerlast von 263.750 EUR erhalten und am Ende über 736.250 EUR netto verfügen. Und hierfür müssen Sie aufgrund der im Inland erhobenen Abgeltungssteuer in der Regel nicht einmal eine Einkommensteuererklärung abgeben, wenn Sie über keine

---

[120] Zu beachten ist hier, dass Kirchensteuern in Deutschland anfallen können. Die Mitgliedschaft in einer Kirche ist aber freiwillig und bleibt jedem selbst überlassen. Bezüglich des Solidaritätszuschlags gibt es Bestrebungen zur weiteren Abschaffung und auch ein Verfahren vor dem Bundesverfassungsgericht (2 BvR 1505/20).

weiteren Einkünfte verfügen.[121] Da Sie in diesem Fall nichts mehr gesondert erklären müssen wird der Finanzverwaltung Ihr Einkommen nicht einmal bekannt, Sie bleiben anonym.

Die prozentuale Belastung bleibt dann selbst bei einem Einkommen aus Kapitalerträgen von 10 Mio. Euro gleich. Weniger Bürokratie geht wirklich nicht.

Solange es in Deutschland keine aktive Vermögenssteuer gibt oder die Kapitalerträge nicht der Sozialversicherungspflicht[122] unterworfen werden, kann man Deutschland damit auch in den Bereich steuerlich bedingt attraktiven Standorte aufnehmen.

Damit wird aber die Diskussion eröffnet, denn warum sollte man 25% Steuern zahlen, wenn man auch diese legal „verringern" kann. Jeder hat natürlich die Wahl.

---

[121] Für im Ausland angelegte Vermögenswerte müssen Sie dann eine Steuererklärung abgeben und die Abgeltungssteuer dann auch entsprechend bezahlen. Hier entfällt die Anonymität der erzielten Kapitalerträge.
[122] https://www.sueddeutsche.de/wirtschaft/habeck-sozialabgaben-kapitaleinkuenfte-li.3181751 (Stand 14.01.2025); Vermögenssteuer wurde außer Kraft gesetzt durch BVerfG-Beschluß vom 22.6.1995 (2 BvL 37/91) BStBl. 1995 II S. 655.

Steuerliche Grundsätze und Rahmenbedingungen

Man muss in diesem Zusammenhang wissen, dass die Besteuerung von Kapitaleinkünften in der Regel dem Wohnsitzprinzip folgt. D.h. zieht man also an einen anderen Ort, so kann man von dem dort geltenden Steuerrecht entsprechend profitieren.

Zinsen und Dividenden werden am Wohnort des Steuerpflichtigen besteuert, soweit keine Quellensteuern einbehalten werden.

Für Arbeitseinkommen wird das schwieriger umzusetzen sein. Dieses wird in der Regel am Ort der Ausübung der nichtselbständigen Arbeit besteuert, es sei denn man arbeitet und wohnt an einem Ort mit geringer Steuerbelastung.

Unternehmerische Aktivitäten werden am Ort der Ausübung der unternehmerischen Tätigkeit besteuert. Wobei es natürlich auch auf die rechtliche Organisationsform des Unternehmens an kommt: eine Personengesellschaft wird anders als eine juristische Person besteuert.

Bei der Personengesellschaft wird der steuerpflichtige Überschuss mit dem persönlichen Steuersatz einer Privatperson am jeweiligen Sitz der Unternehmung besteuert. Meistens ist der Steuersatz progressiv und steigt mit der Höhe des Einkommens an.

Bei juristischen Personen gibt es fixe Steuersätze. In Deutschland fallen z.B. 15% Körperschaftssteuer und dann je nach Gemeinde eine Gewerbesteuer mit einem Satz zwischen etwa 13 und 16% an.

Von daher geht man in Deutschland in der Regel davon aus, dass Kapitalgesellschaften mit 30% besteuert werden. Bei der internationalen Vergleichsdiskussion wird häufig vergessen, dass das föderale System nur die Körperschaftssteuer an die Bundesrepublik Deutschland fließen lässt, während die Gewerbesteuer eines der wenigen eigenen direkten Finanzierungsinstrument der Gemeinden ist.

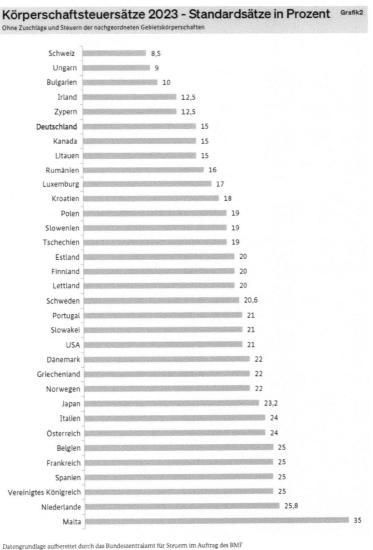

Körperschaftsteuersätze 2023 - Standardsätze in Prozent Grafik2

Ohne Zuschläge und Steuern der nachgeordneten Gebietskörperschaften

Land	%
Schweiz	8,5
Ungarn	9
Bulgarien	10
Irland	12,5
Zypern	12,5
Deutschland	15
Kanada	15
Litauen	15
Rumänien	16
Luxemburg	17
Kroatien	18
Polen	19
Slowenien	19
Tschechien	19
Estland	20
Finnland	20
Lettland	20
Schweden	20,6
Portugal	21
Slowakei	21
USA	21
Dänemark	22
Griechenland	22
Norwegen	22
Japan	23,2
Italien	24
Österreich	24
Belgien	25
Frankreich	25
Spanien	25
Vereinigtes Königreich	25
Niederlande	25,8
Malta	35

Datengrundlage aufbereitet durch das Bundeszentralamt für Steuern im Auftrag des BMF

Abbildung 9 - Übersicht Steuersätze bei Unternehmen; Quelle: Die wichtigsten Steuern im internationalen Vergleich 2023, BMF, Ausgabe 2024

Optimieren kann man die Belastung durch Gewerbesteuer durch eine Auswahl der Gemeinde in der man seine Unternehmung ansiedelt – wenn man so flexibel in der Wahl des Unternehmenssitzes sein kann. Der Hebesatz einer Gemeinde variiert von Gemeinde zu Gemeinde in Deutschland.[123]

Da die Finanzbehörden in Deutschland mittlerweile auch bezüglich der unzulässigen Gestaltung mit Gewerbesteuern immer sensibler werden und Verstöße rigoros geahndet werden, ist darauf zu achten, keine Scheinkonstruktionen zu errichten.[124]

Das wäre dann der Fall, wenn man nur zum Schein seinen Hauptsitz an einen gewerbesteuerlich attraktiven Ort legt und tatsächlich in einem anderen Ort aktiv ist.

---

[123] https://www.dihk.de/de/themen-und-positionen/wirtschaftspolitik/steuer-und-finanzpolitik/hebesaetze-56878 (Stand 08.01.2025).
[124] Sixt, StuB 17/2024 S. 663 „Steuerliche Gestaltungen unter Einbezug von Gewerbesteueroasen";
https://www.handelsblatt.com/politik/deutschland/steuerpolitik-finanzaemter-nehmen-deutsche-gewerbesteuer-steueroasen-ins-visier/28715344.html (Stand 08.01.2025).

Wie Abbildung 9 zeigt, wird die Belastungsdiskussion Seitens des BMF nicht vollständig dargestellt. Natürlich befindet sich Deutschland hier bei der Höhe der Körperschaftssteuer im internationalen Feld gut positioniert. Nur die notwendige Gewerbesteuer, die den Gemeinden zufließt, wird vollständig unterschlagen und da sie kein marginaler Teil der Besteuerung ist wird damit das Bild vollkommen verzerrt.

Nicht verschwiegen werden darf bei dieser Betrachtung auch, dass Deutschland im Bereich der Unternehmensholding noch ein steuerlich besonders attraktives Instrument vorhält: § 8b KStG. Danach werden u.a. Veräußerungserlöse von Beteiligungen über 10% an Kapitalgesellschaften u.ä. zu 95% von der Besteuerung frei gestellt. Die restlichen 5% werden mit ca. 30% zu besteuern sein (15% Körperschaftssteuer plus Gewerbesteuer). Handeln Sie also mit Beteiligungen oder halten Sie Ihre Firma, die Sie irgendwann weiter veräußern wollen, über eine Kapitalgesellschaft, dann können Sie den Veräußerungserlös zu einem wirklich interessanten Steuersatz von durchgerechnet etwa 1,6% auf den steuerpflichtigen Ertrag vereinnahmen.

Schaut man sich also international um, so wird man auf diese Prinzipien zu achten haben. Ob jedes Land eine Gewerbesteuer oder eine nur anders benannte Steuer anwendet, muss man genauso prüfen, wie die Frage, ob für das von Ihnen verfolgte Geschäftsmodell nicht eine attraktive steuerliche Ausnahmeregelung vorhanden ist, die Sie sich zu nutze machen können.

Einkommensbesteuerung von Privatpersonen

Damit rückt bei der Privatperson die Besteuerung von Einkommen und Vermögenseinkünften in den Vordergrund.

In dieser Liga liegen die „0%"-Satz Länder dann ganz weit oben auf der Wunschliste:

- Monaco
- V.A.E.

- Bahrein

- Oman

- Kuweit

- Bahamas

- …einige weitere Karibische Inseln

Hier ist es also tatsächlich möglich, alle Einkünfte einkommenssteuerfrei zu vereinnahmen. Paradiesisch, nicht?

Allerdings hat das einen Preis, der sich nicht in Steuern ausdrücken lässt:

- Höhere Kosten für Wohnraum

- Höhere Lebenshaltungskosten

- Hohe Gebühren oder Nebenkosten

- Höhere Reisekosten

- Schwierige Erreichbarkeit

- ….

Und daneben müssen dann auch die weiteren persönlichen Rahmenbedingungen angepasst und abgestimmt werden, gegebenenfalls auch die Quellen Ihres Einkommens.

Haben Sie also weitere unternehmerische Aktivitäten, so müssen Sie vielleicht erst einmal dorthin reisen.

Die Einkommensströme müssen auch entsprechend organisiert und optimiert werden usw.

Beispiel: Sie sind über eine Personengesellschaft in Deutschland mit Ihren Geschäftspartnern über eine Kommanditgesellschaft (KG) gewerblich tätig und Sie wohnen in Monaco. Jedes Jahr erzielen Sie einen Ihnen direkt zurechenbaren Überschuss von 1 Mio. EUR. Da die KG in Deutschland ihren Sitz hat, werden Sie, auch wenn Sie im Ausland wohnen, in Deutschland für das Ihnen zugerechnete Einkommen Steuern für beschränkt Steuerpflichtige bezahlen müssen (§49 EstG). Dies hat in der Regel zur Folge, dass Sie persönliche Freibeträge mangels Wohnsitz im Normalfall nicht berücksichtigen lassen können, wenn es um die Berechnung der Einkommenssteuern nach den sonst normalen Steuersätzen geht. Mit Monaco hat Deutschland kein DBA abgeschlossen und Monaco selbst erhebt keine Steuern auf Ihr Einkommen. Damit werden Sie etwa im Durchschnitt 43,12% Einkommensteuern zu bezahlen haben, bei einer Grenzbelastung von 45%. Die 431.200 EUR zzgl. Solidaritätszuschlag werden Sie also weiterhin zu zahlen haben. Und das, obwohl Sie in Monaco leben!
(Eigene Berechnung: https://www.bmf-steuerrechner.de/ekst/eingabeformekst.xhtml)

Um solche Effekte wie im vorstehenden Beispiel zu vermeiden, müssen Sie in die Planung gehen, wie Sie Ihre

Einkommen ohne möglichst große Abzüge erhalten.

Ihre Familie muss dort leben, d.h. Ihre Kinder müssen in den Kindergarten oder die Schule. Der Lebensmittelpunkt muss sich nämlich auch an diesem Wohnort befinden und dass muss den tatsächlichen Verhältnissen entsprechen.

Diese tatsächlichen Verhältnisse lassen sich heute einfacher kontrollieren denn je: Bewegungsprofil des Mobilfunktelefons, Flugdaten Ihrer Meilenkonti, Auszug Ihrer Kreditkartenabrechnung/Kontoabrechnung, Stromrechnungen, Wasserverbräuche, usw.

Nullsteuer gibt es nicht zum Nulltarif. Aber die Eintrittskarte kann sich manchmal lohnen.

So kostet der Quadratmeter Wohnraum in Monaco heute je nach Lage und Ausstattung zwischen 20.000 EUR und mindestens 80.000 EUR für eine Etagenwohnung.

In Dubai scheint die Welt noch ein wenig „normaler" mit m²-Preisen zwischen 4.500 EUR und 60.000 EUR für Wohnungen und Häuser.

In Monaco ist der Wohnraum durch die Fläche des Fürstentums Monacos mit 208 ha begrenzt und das treibt die Preise. In Dubai mit einer Fläche im Emirat von ca. 3.800 km² werden die Preise neben einem Zuwachs in 2024 von 20%[125] eher durch ein immer „grösser und luxuriöser" getrieben, wobei der Markt für Objekte über 30.000.000 EUR auch dort noch begrenzt sein dürfte.[126]

Betonwüsten sind beide Orte, es bleibt jedem überlassen, was ihm eher liegt und wie er gerne leben möchte. Lediglich die Erreichbarkeit aus Europa und das Klima sind deutlich verschieden.

Für die Wirtschaftlichkeitsrechnung stellt sich indes die Frage, ob man soviel Steuern sparen kann, dass sich die Kosten für den Wohnraum lohnen. Natürlich kommen dann noch subjektive Faktoren zum Tragen: Lebensqualität, Erreichbarkeit usw.

---

[125] https://www.bloomberg.com/news/articles/2025-01-12/dubai-s-world-beating-property-rally-shows-signs-of-strain (Stand 12.01.2025).
[126] https://www.bbc.com/news/business-61257448 (Stand 08.01.2025).

Neben den Ländern mit 0%-Sätzen gibt es weitere steuerlich attraktive Wohnländer, die die vorgenannten negativen Aspekte nicht so stark aufweisen. Diese besteuern entweder nur die Einkünfte, die jeweils in das Land überwiesen werden (Remittance Base Taxation) oder es werden Sondersteuerregelungen über so genannte Pauschalsteuern implementiert.

Remittance Base Taxation / Resident Non Domiciled[127]

- Großbritannien (bis 2024)[128]
- Malta
- Gibraltar
- Thailand
- Guernsey[129]

Diese Besteuerungsregelung findet sich vor allem im angelsächsisch geprägten Raum wieder. Das Prinzip ist einfach: solange man nicht plant, in dem Land sein ganzes Leben zu verbringen, gestattet einem das System vereinfacht gesprochen, dass man nur die Einnahmen versteuert, die man in dem Land selbst erwirtschaftet oder aus dem Ausland in das Land überweist.

---

[127] Abgekürzt: Res-Non-Dom.
[128] https://www.gov.uk/hmrc-internal-manuals/residence-domicile-and-remittance-basis/rdrm31030;
https://www.bloomberg.com/news/articles/2025-01-08/aston-villa-fc-billionaire-owner-nassef-sawiris-mulls-uk-exit-over-taxes (Stand 08.01.2025)
[129129] https://taxsummaries.pwc.com/guernsey/individual/taxes-on-personal-income (Stand 08.01.2025)

Alle anderen Einnahmen, die man außerhalb des Landes erhält und dort beläßt, bleiben unbesteuert, solange man sie auch nicht auf eine Bank in das (In-)Land transferiert.

In Großbritannien wurde dieses Besteuerungssystem mit dem Ablauf des Steuerjahres 2024 abgeschafft.[130] Die

---

Beispiel: Sie ziehen in ein Land G mit Remittance Base Besteuerung. Ihr Kapitalvermögen von 100 Mio. EUR ist bei einer Schweizer Bank angelegt und erwirtschaftet jedes Jahr 5 Mio. EUR Kapitaleinkünfte. Von den 5 Mio. EUR überweisen Sie jedes Jahr 500.000 EUR in Ihr Wohnsitzland G, um dort zu leben.

Diese 500.000 EUR müssen Sie dann nach den lokalen Regeln versteuern, wie ein dort regulär Ansässiger. Bei einem Steuersatz von durchschnittlich 40% zahlen Sie dann auf Ihr Welteinkommen von 5 Mio. EUR nur 200.000 EUR Steuern.

Der Steuersatz liegt damit bei durchschnittlich 4% pro Jahr! In diesem Moment wird der eigentliche Maximalsteuersatz unerheblich, da es auf die Gesamtbewertung an kommt

---

[130] Beschreibung der Änderungen zur Besteuerung durch das Britische Finanzministerium; (Stand 08.01.2025) https://tinyurl.com/4tsp9ex8

Attraktivität des Systems hat in London über lange Jahre für einen steten Zufluss von neuen, vermögenden Personen gesorgt. Mit der Abschaffung dieses Systems setzt jetzt eine neue Abwanderungsbewegung[131] ein, denn keine der vermögenden Personen möchte demnächst mit ihrem Welteinkommen in Großbritannien versteuert werden.

Eine erste Abwanderungsbewegung nach dem Beginn des Einmarsches von Russland in die Ukraine löste die Sanktionierung von russischen Staatsbürgern aus, die als systemnah eingestuft wurden.[132]

Großbritannien soll im Steuerjahr 2022/2023[133] rund 84.000 Personen[134] in diesem steuerlichen Sonderregime veranlagt haben.[135] Bislang haben diese Personen wohl nicht

---

[131] https://www.bloomberg.com/news/articles/2025-01-08/aston-villa-fc-billionaire-owner-nassef-sawiris-mulls-uk-exit-over-taxes (Stand 08.01.2025).
[132] https://www.telegraph.co.uk/world-news/2024/09/08/russia-property-cash-ukraine-uae-dubai-brits/ (Stand 08.01.2025).
[133] Das Steuerjahr im Vereinigten Königreich für Einkommensteuer beginnt am 6. April eines Jahres und endet am 5. April des folgenden Jahres.
[134] https://www.rsmuk.com/insights/tax-voice/the-truth-about-non-dom-taxpayers (Stand 08.01.2025).
[135] Siehe auch unten Seite 286.

unerheblich zum Wohlstand in Großbritannien beigetragen, vor allem zu der in London befindlichen Luxusindustrie. Nicht zuletzt wird ihnen auch eine erhebliche Verantwortung an steigenden Immobilienpreisen in London zugeschrieben. Mit der Abschaffung dieser traditionell existierenden Sonderbesteuerung möchte die aktuelle Regierung mehr Steuergerechtigkeit erreichen und auch den Haushalt stabilisieren.

Das verdeutlicht, dass steuerlich vorteilhafte Systeme keinesfalls auf Dauer angelegt sein müssen. Wirtschaftliche Zwänge oder weltpolitische Entwicklungen können immer zu Veränderungen führen, denen man sich dann anpassen muss.

Eine Abwandlung dieses Systems ist die fiktive Annahme im angelsächsischen Steuersystem, dass ein Ansässiger dann nicht als *domiciled* gilt, wenn er dort wieder weg ziehen will. Zypern erlaubt in diesem Zusammenhang beispielsweise über 17 Jahre hinweg einen Sonderweg, bei dem man nicht als steuerlich ansässig gilt, zumindest nicht für das ausserhalb

Zyperns erzielte Welteinkommen. In Irland ist es ähnlich ausgestaltet, nur dass es keine zeitliche Beschränkung gibt.

Pauschalbesteuerung

- Schweiz
- Italien[136]

Genauso spannend wie das steuerliche System in England ist die Pauschalbesteuerung, die es seit langer Zeit in der Schweiz gibt.

Italien hat eine solche Besteuerungsform erst vor einigen Jahren eingeführt und damit einen so großen Erfolg erzielt, dass die ursprüngliche Pauschalsteuer von 100.000 EUR im Jahr auf 200.000 EUR angehoben wurde. Nutzbar ist die Pauschalbesteuerung in Italien für 15 Jahre nach dem Zuzug.

---

[136] https://taxsummaries.pwc.com/italy/individual/taxes-on-personal-income (08.01.2025).

Die Grundidee ist folgende: man zahlt eine pauschale Steuer und damit wird man freigestellt, seine weiteren Einkünfte aus aller Welt in dem Land des Wohnsitzes zu versteuern.

In der Schweiz ist das System nicht so klar und eindeutig, wie in Italien. Die kantonalen Unterschiede machen das System intransparenter. Zudem ist das besondere Steuersystem in Zürich, Basel Land, Basel Stadt, Schaffhausen und Appenzell Ausserrhoden seit über 10 Jahren abgeschafft worden.[137] Man kann davon also nicht überall profitieren. Einige Volksabstimmungen haben einerseits zur Abschaffung geführt, aber auch gleichzeitig den Gesetzgeber zu mehr Transparenz genötigt.

Davor waren diese Abkommen häufig eine Verhandlungssache zwischen dem zuzugswilligen Steuerpflichtigen und der kantonalen oder auch gemeindlichen Steuerbehörde.

---

[137] https://www.spiegel.de/wirtschaft/soziales/reiche-auslaender-verlassen-zuerich-nach-abschaffung-der-pauschalsteuer-a-821851.html (Stand 08.01.2025).

Grundsätzlich wird ein fiktives Einkommen und ein fiktives Vermögen angesetzt, mit dem dann die zu bezahlende Pauschalsteuer zu berechnen ist. Lokales Einkommen ist in diesem Zusammenhang zu berücksichtigen. Es ist also unvorteilhaft in diesen Fällen noch einer Beschäftigung - gleich ob gewerblich oder in einem Angestelltenverhältnis usw. - in der Schweiz nachzugehen oder Mieteinnahmen zu erzielen. Jegliches Schweizer Quelleneinkommen sollte vermieden werden.

Neben einem von Kanton zu Kanton unterschiedlich angesetzten Mindesteinkommen wird in der Regel der siebenfache Jahresmietwert[138] der genutzten Immobilie als Basis für die Einkommensbestimmung heran gezogen. Liegt der Jahresmietwert bei 60.000 CHF, so wird das zu versteuernde Jahreseinkommen mit 420.000 CHF angesetzt, wenn dieses oberhalb des dort gültigen gesetzlichen Mindesteinkommens für die Pauschalbesteuerung liegt. Für

---

[138] https://www.swissinfo.ch/ger/politik/reiche-expats_schweizer-pauschalsteuer-verliert-an-attraktivitaet/45604878 (Stand 08.01.2025).

die Ermittlung der Vermögenssteuer wird ebenfalls ein Vielfaches dieses Jahresmietwertes zur fiktiven Berechnung der Vermögenssteuer herangezogen. Die steuerliche Belastung richtet sich dann nach den Regeln des Kantons und Wohnortes des Einzelnen. Liegt der Steuersatz bei durchschnittlich 30%, so haben Sie auf die 420.000 CHF insgesamt 126.000 CHF Einkommenssteuern zu zahlen, hinzu kommt noch die Vermögenssteuer, in der Regel berechnet auf Basis des 20-fachen fiktiven Jahresmietwertes. Damit ist dann aber auch alles abgegolten und es ist egal, ob Sie mehr als das fiktive Einkommen in die Schweiz überweisen oder dort verbrauchen. Lediglich bei der Kontrollrechnung, d.h. dem Abgleich mit dem Schweizer Quelleneinkommen und dem Vermögen das in der Schweiz befindlich ist, darf es nicht zu Überschreitungen der fiktiven Werte kommen, sonst wird der höhere Wert für die steuerlichen Berechnungen in Ansatz gebracht. In der Schweiz wird die Pauschalbesteuerung in der Regel für einige Jahre vereinbart und dann jeweils wieder neu beantragt und verhandelt, womit sich über die Dauer der Ansässigkeit auch Veränderungen ergeben können.

Wie in Italien auch sind vor allem nicht die Bürger des jeweiligen Landes berechtigt, von diesen steuerlichen Vorteilen Gebrauch zu machen. Für Rückkehrer in das eigene Land gibt es meistens eine Sonderregel im ersten Jahr der Rückkehr.

Italien ist erst seit 2017 mit dieser neuen Form der Besteuerung aufgetreten. Einerseits gab es mit dem Brexit einen Bedarf an steuerlich attraktiven Wohnorten in der EU. Andererseits hat Italien damit zuletzt im Jahr 2021 ca. eintausend neue Steuerpflichtige angezogen. Neben der einkommensteuerlichen Regelung beinhaltet das steuerliche Regime auch die Freistellung von Vermögenssteuern-, Erbschafts- und Schenkungssteuern in Italien.

Mit der Pauschalbesteuerung geht meistens einher, dass man für andere Länder entweder als nicht dort ansässig gilt oder eben nicht für die Inanspruchnahme von Doppelbesteuerungsabkommen qualifiziert. Letzteres ist insbesondere dann interessant, wenn eine in einem anderen Land erfolgte Besteuerung im Land des Wohnsitzes berücksichtigt werden soll. Es kann damit also zu einer nicht vermeidbaren steuerlichen Belastung im Ausland kommen.

Da Italien im Gegensatz zur Schweiz viel grösser ist, die Pauschalbesteuerung viel einfacher zu ermitteln und die Immobilienpreise und Kosten für Lebenshaltung in der Regel viel niedriger sind, hat Italien mit seinen Regelungen in den letzten Jahren zahlreiche Vermögende angezogen.

Die geographische Lage in Europa, die Mitgliedschaft in der EU und die Verkehrsanbindung sind weitere interessante Argumente für die Wahl Italiens.

Niedrigsteuerländer

Nach diesen Ländern mit Spezialregimen gibt es zahlreiche Länder auf der Welt, die mit niedrigen Maximalsteuersätzen auf das Einkommen und die Unternehmensgewinne locken.

Bei einem Wohnsitz in diesem Land fallen dann recht niedrige Maximalsteuern an. Ein kleiner Überblick ohne Anspruch auf Vollständigkeit:

Mazedonien	10%
Bulgarien	10%
Andorra	10%
Montenegro	15%
Georgien	18%
Estland	20%
Liechtenstein	22%

Bei einigen Ländern ist dann auch noch zu prüfen, ob bei einem Wohnsitz in diesem Land das Welteinkommensprinzip überhaupt zur Anwendung kommt, zahlreiche Länder auf der Welt stellen Auslandseinkünfte komplett einkommenssteuerfrei oder räumen diese Befreiung für einen begrenzten Zeitraum von vier bis zehn Jahren nach einem Zuzug ein.

Obwohl Liechtenstein zur EFTA gehört ist die Wohnsitznahme dort auch für EU-Bürger nicht ohne weiteres möglich. Die Hürden für die Wohnsitznahme sind hoch gelegt und teilweise auch limitiert.[139] Ein Auslosungsverfahren für 28 Aufenthaltsbewilligungen mit Arbeitsberechtigung pro Jahr gibt es auch noch.

Die oben genannte Liste ist nicht abschließend, aber bei genauem Hinsehen werden Sie feststellen, dass nicht alle Länder besonders zentral gelegen sind, nur mit langer Anreise zu erreichen sind (z.B. Andorra, das nur über einen kleinen Flughafen verfügt, der in Spanien liegt[140]) oder für die Wohnsitznahme Kenntnisse der lokalen Sprache voraussetzen.[141] Der Preis für die steuerlichen Vorteile ist von jedem selbst einzuschätzen.

Im übrigen finden Sie im Anhang V auf Seite 331 eine Übersicht zur Einkommenssteuer in verschiedenen europäischen Ländern, die zumindest einen groben Überblick zur Steuerlast gibt. Es handelt sich hier um eine reine

---

[139] https://www.llv.li/de/landesverwaltung/auslaender-und-passamt/wohnsitz-in-liechtenstein-zur-erwerbstaetigkeit/vergabe-aufenthaltsbewilligung-b- (Stand 18.01.2025).

[140] Wikipedia zum Flughafen Andorra https://tinyurl.com/tt35s48n (Stand 12.02.2025).

[141] So in Andorra.

Standardberechnung als ersten Anhaltspunkt. Individuelle Merkmale und Sondersituationen können die Steuerbelastung erheblich verändern.

Exkurs: Erbschafts- und Schenkungssteuern

Dieser kleine Nebenaspekt soll nicht unerwähnt bleiben: wollen Sie einer nicht mit Ihnen verwandten Person wertvolle Geschenke machen (also z.B. der Lebensgefährtin, dem Lebensgefährten, einem Freund usw.) so fallen in Deutschland ab einem Freibetrag von 20.000 EUR Schenkungssteuern an. Und diese fallen an, wenn Sie oder der Empfänger in Deutschland leben. Ziehen Sie in ein Niedrigsteuerland um, so kann es sein, dass es noch eine nachgelagerte Steuerpflicht für einen deutschen Staatsbürger von fünf bis zu zehn Jahren gibt[142].

Nichts ist so sicher wie der Tod, nur wissen wir nicht, wann wir diesen Preis für das Leben bezahlen werden. Insofern möchten Vermögende gerne langfristige Planungen zur

---

[142] § 4 AStG und § 2 ErbStG.

Verringerung der Nachlaßsteuern in Ihre Planungen mit einbeziehen.

Während in Deutschland die Erbschafts- und Schenkungssteuer trotz zahlreicher Diskussionen über Sinn und Zweck weiter aufrechterhalten bleibt, haben andere Länder, wie zum Beispiel Österreich[143], diese Steuer ersatzlos gestrichen.

Einige Länder erheben Erbschaftssteuern nur gegenüber Dritten und nehmen die Familie in direkter Linie und Ehegatten aus, oder sie haben unterschiedliche Freibeträge, die jeden Fall unterschiedlich werden lassen.

---

[143] https://www.ey.com/en_gl/technical/tax-guides/worldwide-estate-and-inheritance-tax-guide (Stand 14.01.2025): Österreich, Zypern, Estland, Lettland, Malta, Rumänien, die Slowakei, Mexiko, Peru, Canada, Australien, Indonesien, Neuseeland; Singapur, Tschechien, Gibraltar, Indien, Norwegen, Portugal, Ukraine und Schweden haben keine Erbschaftssteuern.

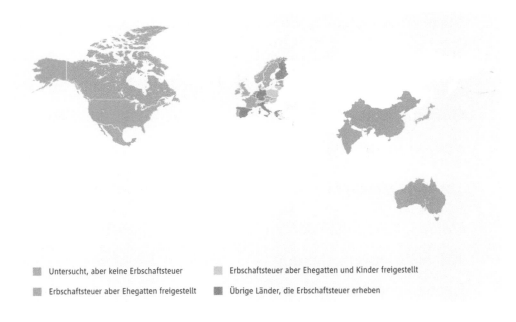

Abbildung 10 - Übersicht Erbschaftssteuern, Stand 2022, Quelle: Stiftung Familienunternehmen, Erbschaftsteuer im internationalen Vergleich, erstellt vom ZEW Mannheim 2024, Seite 46; Grafik: wie vor

Für die Wahl eines Wohnsitzes kann also auch die Frage der Belastung mit Erbschaftssteuern in der Zukunft eine Rolle spielen, mindestens in der langfristigen Planung.

Mit diesem Element wird eine weitere Dimension oder Komplexität im Rahmen der Wohnsitzwahl bei der Planung eröffnet. Nicht vergessen werden darf dabei, dass je nach Land der steuerliche Anknüpfungspunkt neben der

Staatsbürgerschaft sowohl beim Wohnort des Erblassers als auch beim Wohnort des Erben liegen kann. Im Zweifel müssen also auch die potentiellen Erben in die Gesamtplanung mit einbezogen werden, damit Ihre Ziele am Ende aufgehen können.

Sozialversicherung, Krankenversicherung und Renten

Unter Sozialversicherung wird gemeinhin die Arbeitslosenversicherung, die Kranken- und Rentenversicherung insgesamt verstanden. Je nach Umständen kann dies auch noch um die Unfall- und Pflegeversicherung ergänzt werden.

Nach den vorstehenden Ausführungen ist klar, dass es erhebliche Unterschiede zwischen EU-Staaten und Drittstaaten gibt. Vor allem wird es mit Drittstaaten nicht so einfach sein, Vorteile oder einfache Regelungen bezüglich der Sozialversicherungsregelungen zu erhalten.

Lediglich die Schweiz hat über ihre bilateralen Verträge mit der EU[144] für eine Akzeptanz der Sozialversicherungsfragen gesorgt. Vor allem betrifft dies die gegenseitige Anerkennung der Arbeitslosenversicherung, auch für die Personen, die im anderen Land Arbeit suchen. Für die Krankenversicherung gibt es wie bereits schon ausgeführt zahlreiche Sonderregelungen, die im Schweizer Markt zu beachten sind.

Mit allen Nicht-EU-Ländern ergibt sich eine erhebliche Regelungslücke bezüglich der privaten Vorsorge. Das bedeutet, dass man in jedem Land prüfen muss, welche Verpflichtungen und/ oder auch Rechte sich durch eine Wohnsitzwahl ergeben. Vor allem sollte im ersten Schritt die Eigenvorsorge im Vordergrund stehen und keinesfalls darauf vertraut werden, staatliche Unterstützung zu erhalten.

Komplex wird es, wenn die Rentensysteme sich nicht miteinander verbinden lassen, wie dies in der EU möglich ist.

---

[144]https://de.wikipedia.org/wiki/Bilaterale_Vertr%C3%A4ge_zwischen_der_Schweiz_und_der_Europ%C3%A4ischen_Union (Stand 20.01.2025).

Dann laufen sie Gefahr, einen Flickenteppich in der Rentenvorsorge zu erhalten, um den Sie sich ganz alleine kümmern müssen. Den Selbständigen und Unternehmer betrifft dies in der Regel weniger, da er von vorneherein darauf eingestellt ist.

Ein praktisches Beispiel soll trotzdem nicht unerwähnt bleiben. Das Forum Shopping[145] für die Arbeitslosenversicherung in der EU.

Es gibt zwei Ansätze:

Sie sind in einem Land ansässig und arbeitslos geworden. Dann können Sie dort für drei bis sechs Monate einen Leistungsexport[146] beantragen, wenn Sie in einem anderen EU/EFTA Staat auf Arbeitssuche gehen wollen. Interessant ist in diesem Fall, dass Sie die im Ursprungsstaat erworbenen

---

[145] Siehe unten Seite 215.

[146] Art. 64 GVO; https://www.arbeitsagentur.de/datei/fw-internationales-recht-alv-bezug-von-arbeitslosengeld-bei-arbeitsuche-im-ausland_ba147611.pdf (Stand 22.11.2024).

Ansprüche in voller Höhe für diese Zeit weiter erhalten und auch dort weiterhin versichert bleiben.

Der andere Ansatz sieht vor, dass Sie mit ihrer Familie in ein anderes Land innerhalb der EU ziehen und dort Ihren Hauptwohnsitz begründen, wenn Sie arbeitslos werden. Dann können Sie nach den dort geltenden Regeln auch das Arbeitslosengeld beantragen, für das Sie im Tätigkeitsstaat aktiv geworden sind. Die Ansprüche aus dem Tätigkeitsstaat können Sie einfach im Ansässigkeitsstaat geltend machen.

Warum sind diese Dinge der Erwähnung wert? Erstens haben Sie in die Arbeitslosenversicherung eingezahlt, von daher stehen Ihnen Ansprüche aus dieser Versicherung im Versicherungsfall auch zu.

Zweitens kann Sie dieses Ereignis gerade dann treffen, wenn Sie über eine Auswanderung oder einen Tapetenwechsel nachdenken. Es lohnt sich in diesem Moment nicht, dies als Hemmnis zu sehen, sich nicht für eine Zukunft im Ausland zu entscheiden.

Drittens: trotz Harmonisierung in der EU sind die Systeme immer noch unterschiedlich ausgestaltet. Dies betrifft vor allem den

- Prozentsatz des letzten Gehalts, die
- Höhe der Leistungen (Deckelung), und die
- Dauer der Leistungen.

Wesentlich ist, dass die Bedingungen an Ihrem jeweiligen Wohnsitz zur Anwendung kommen und nicht die Bedingungen ihres bisherigen Arbeitsortes, an dem in die Versicherung eingezahlt wurde.

Der Prozentsatz, der auf das letzte Gehalt angewendet wird, fällt auch sehr unterschiedlich aus. In Europa kann dies von 57% bis zu 80% reichen!

Jetzt könnte man meinen, dass das Land am attraktivsten ist, das den höchsten Prozentsatz vom letzten Gehalt in Ansatz bringt.

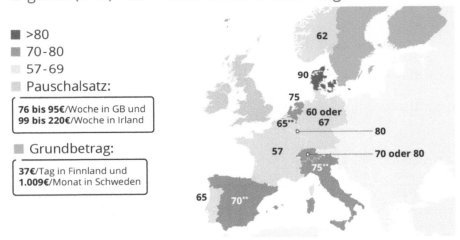

So unterschiedlich fällt das Arbeitslosengeld in Europa aus

Höhe des Arbeitslosengeldes im Verhältnis zum Referenzgehalt (in %) oder Pauschalsatz/Grundbetrag*

■ >80
■ 70-80
  57-69
  Pauschalsatz:

76 bis 95€/Woche in GB und
99 bis 220€/Woche in Irland

  Grundbetrag:

37€/Tag in Finnland und
1.009€/Monat in Schweden

62
90
75
65** · 60 oder 67
57 · 80
75** · 70 oder 80
65 70**

* Dauer des Leistungsbezugs schwankt in der Regel zwischen 6 und 24 Monaten
** degressives Entschädigungssystem
Quelle: Unédic

Abbildung 11 - Höhe des Arbeitslosengeldes im Verhältnis zum Gehalt; Quelle und Grafik: Statista, Abruf 05. Januar 20215

Hier kommt dann das zweite Argument zum Tragen: die Mitgliedsländer haben unterschiedliche absolute Obergrenzen in der Versicherung eingeführt. Sie werden zustimmen, dass ein Gehalt von 10.000 EUR zwar hoch ist, aber was nutzt es ihnen, wenn die Versicherungsleistung bei maximal 3.500 EUR gedeckelt ist? Abbildung 12 zeigt Ihnen die Wechselwirkungen der unterschiedlichen Parameter beispielhaft auf. In der Gesamtleistung kommt es dann noch über die Dauer der Leistung zu ganz anderen Ergebnissen.

Sie werden feststellen, dass die Versicherungsleistungen in Europa durchaus abweichen, sowohl qualitativ, als auch quantitativ.

		Land A	Land B	Land C
Annahme				
Gehalt p.M.	10.000,00 €	8.000,00 €	7.000,00 €	5.700,00 €
Prozentsatz		80%	70%	57%
versichertes Maximalgehalt		3.500,00 €	5.000,00 €	10.000,00 €
Differenz		- 6.500,00 €	- 5.000,00 €	- €
auszuzahlende Leistung		2.800,00 €	3.500,00 €	5.700,00 €
zusätzlich:				
maximale Leistungsdauer in Monaten		24	12	18
Leistung total		67.200,00 €	42.000,00 €	102.600,00 €

Abbildung 12 - Musterrechnung unterschiedliche Parameter ;Quelle: eigene Berechnungen

Die Recherche zu den einzelnen Rahmenbedingungen erfordert, dass man in jedem zur Wahl stehenden Land entsprechende Regelungen prüft. Die Vergleichbarkeit mit zunehmendem Alter sinkt, da viele Länder Sonderregelungen ab 50 bis 53 Jahren haben.

Weitere Zulagen für Familiensituationen usw. sind möglich. Auch die steuerlichen Rahmenbedingungen spielen am Ende noch eine Rolle dafür, was tatsächlich Netto am Ende im Geldbeutel übrig bleibt.

Schließlich ist zu beachten, dass sich diese Regelungen aufgrund der überall knappen Kassen in Europa bei Verschlechterung der wirtschaftlichen Entwicklung auch schnell ändern können. Bestes Beispiel hierfür ist das Kurzarbeitergeld in Deutschland, das manchmal in seiner Auszahlungsdauer verlängert wird, wenn es von der Politik wirtschaftlich für notwendig erachtet wird.

Auch kann es attraktive Wiedereingliederungszuschläge geben, die den Weg in die Selbständigkeit betreffen. Aber auch das ist jeweils pro Land zu prüfen.

Eine kleine Übersicht ohne Anspruch auch Vollständigkeit finden Sie nachstehend. Zu beachten ist, dass es zahlreiche

Sonderregeln geben kann, die neben den Basisleistungen noch entstehen können.

	in Wochen Mindesteinzahlungsdauer	Mindesteinzahlung Maximale Auszahlungsdauer Wochen	in % des letztes Gehalt	Maximal versichertes Gehalt	Auszahlung Maximal
Österreich	52	30	55	6.615,00 €	2.317,50 €
Deutschland	52	24	60	8.050,00 €	2.640,30 €
Luxembourg	26	52	80	13.188,00 €	6.594,48 €
Frankreich	24	52	57	15.465,00 €	8.455,20 €

Netto	nach Abzug Steuern und Sozialverischerung
Bruttolohn	vor Abzug Steuern und Sozialversicherung

Sonderregelungen nach Alter und Beschäftigungsdauer, Berufssituation sind überall unberücksichtig
Alle Angaben ohne Berücksichtigung der Familiensituation und weiterere Zuschläge.

Abbildung 13 - Übersicht als Beispiel zu den Unterschieden in verschiedenen Ländern, eigene Berechnungen und Recherchen, Stand Januar 2025; Rechenfehler und Irrtümer vorbehalten

So wie es bei der Arbeitslosenversicherung unterschiedliche Sätze gibt, verhält es sich auch bei der Krankenversicherung, bei der unterschiedliche Sätze in unterschiedlichen Ländern gelten, vom Beitragssatz, der maximalen Beitragshöhe usw.

Sollte das Thema Krankenversicherung eine Rolle spielen, so empfiehlt es sich auch hier bei den Recherchen einen entsprechenden Schwerpunkt zu haben, denn es gibt hier unterschiedlich hohe Sätze und Einstiegshürden, wie auch Leistungen.

In diesem Zusammenhang wird deutlich, dass sich je nach persönlicher Situation verschiedene Parameter ergeben können, die sich lohnen, bei der Planung beachtet zu werden.

Sie werden aber insgesamt zustimmen, dass niemand allein wegen der Arbeitslosenversicherung auswandern wird. Insofern dient das Vorstehende nur der Vollständigkeit der Überlegungen insgesamt.

Die grünen Wiesen bestimmen sich eben nicht nur nach den Steuersätzen, sondern auch nach den jeweiligen sonstigen Rahmenbedingungen.

Unternehmerische Diversifikation

Wie bereits in Abbildung 7 gezeigt kann die richtige Wahl des Produktionsortes eines Unternehmens darüber entscheiden, wieviel Ergebnis ein Unternehmen erzielt. Je besser das Ergebnis, desto mehr Möglichkeiten eröffnen sich dem Unternehmen, desto solider wird es über die Zeit usw.

Das liegt in Ihrer Hand, wenn Sie Unternehmer sind.

Natürlich können Sie nicht einfach Ihre Produktionshallen samt Mitarbeitern einpacken und in ein unternehmerisch attraktives Land verschiffen. Es wird häufig in der Presse suggeriert, dass Unternehmen das Land wegen der wirtschaftlichen Rahmenbedingungen „einfach verlassen".[147]

Was geschieht in Wirklichkeit? Es werden im Inland Stellen abgebaut und an neuen Orten wieder aufgebaut. Für die weniger mobilen Mitarbeiter kann das in schwierigen Zeiten ein Desaster sein. Das Unternehmen verbessert damit seine Kostenbasis, mit dem Ziel, wettbewerbsfähig zu bleiben.

---

[147] https://bdi.eu/artikel/news/umfrage-lagebild-im-industriellen-mittelstand-2023 ; „Alles andere als attraktiv": Traditionsunternehmen verlassen Deutschland in Scharen https://www.merkur.de/wirtschaft/konjuktur-deindustrialisierung-miele-stihl-conti-bayer-unternehmen-verlassen-deutschland-zr-92982551.html ; https://www.n-tv.de/wirtschaft/kommentare/Stihl-hat-die-Faxen-dicke-article25517878.html (alle Stand 27.01.2025).

Sind die steuerlichen Rahmenbedingungen neben den Lohnkosten für Unternehmer dann noch attraktiv, dann rechnet es sich noch mehr.

In diesem Zusammenhang sollte auch geprüft werden, ob es am neuen Ort Zuschüsse des Landes oder anderer Organisationen gibt, die die Schaffung von Arbeitsplätzen belohnen.[148]

Den Kern einer Firma können Sie aber nicht einfach „über die Grenze" verlagern. Damit müssten die Firmen dann auch steuerliche Konsequenzen tragen, indem sie stille Reserven aufdecken und versteuern müssten.

Die Verlagerung eines Unternehmens als solches ist damit um so schwieriger bis unmöglich. Zudem können Sie Gewinne nicht einfach aus dem Ausland abschöpfen. Hiergegen hat sich der Gesetzgeber auch einige Hürden

---

[148] Das Gegenbeispiel aus Deutschland sind die Fördermittel für Intel in Magdeburg (https://www.faz.net/aktuell/wirtschaft/intel-vertrag-fuer-neue-chipfabrik-in-magdeburg-fertig-18974535.html) oder Northvolt (https://www1.wdr.de/nachrichten/batterie-standort-deutschland-forschung-heide-100.html) (alle Stand 12.02.2025).

einfallen lassen. Eine davon nennt sich Grundsätze für Verrechnungspreise. Damit wird verhindert, dass Sie Gewinne in unangemessen hoher Form über die Grenze in ein steuerlich attraktives Umfeld verlagern.

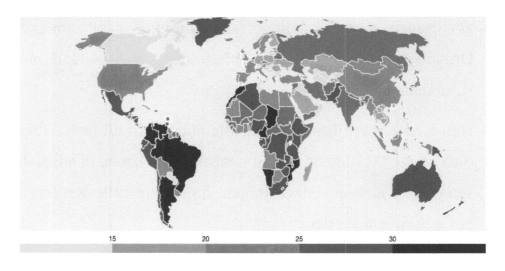

Abbildung 14 - Körperschaftssteuersätze weltweit, Quelle und Grafik: https://taxsummaries.pwc.com/quick-charts/corporate-income-tax-cit-rates

Welches sind hier die steuerlich attraktiven Standorte für Unternehmen:

Null-Steuer-Satz[149]

- Jersey
- Guernsey
- USA Delaware
- Cayman Inseln

Niedrigsteuerländer 5 – <15%[150]

- Barbados
- V.A.E.
- Montenegro
- Ungarn
- Andorra
- Bulgarien
- Bosnien Herzegovina
- Kosovo
- Moldau
- Kirgistan

---

[149] Stand Januar 2025, Aufzählung nicht vollständig.
[150] https://taxsummaries.pwc.com/quick-charts/corporate-income-tax-cit-rates (Stand 15.01.2025).

- Paraguay

- Nord-Mazedonien

- Liechtenstein

- Zypern

- Irland

Jetzt könnte man meinen, dass viele dieser Länder eigentlich wirtschaftlich nicht attraktiv sind, weil verschiedene Staaten unter Ägide der OECD und der EU – auch die Bundesrepublik Deutschland – eine Mindeststeuer von 15% eingeführt haben.[151] Mit Ablauf des Jahres 2023 ist dieses Gesetz bestehend aus über 100 Paragraphen in Deutschland in Kraft getreten. Die Komplexität der Materie erfordert zahlreiche Formeln, Ausnahmen, Hinzurechnungen usw., um überhaupt den Hinzurechnungspflichtigen Gewinn zu bestimmen. Zu ergänzen ist, dass hierdurch auch DBA außer Kraft gesetzt werden. Von 130 Zeichnerstaaten haben per Ende 2024 bislang etwa 29 Staaten das Abkommen

---

[151] BMF https://tinyurl.com/yeys3bb2 (Stand 12.02.2025) ; Gesetz
zur Umsetzung der Richtlinie (EU) 2022/2523 des Rates zur Gewährleistung einer globalen Mindestbesteuerung und weiterer Begleitmaßnahmen.

umgesetzt. Die USA sind im Jahr 2025 aus dem Abkommen wieder ausgestiegen.[152]

Aber Sie können sich auch weiter entspannen, solange Ihr Unternehmen nicht innerhalb der letzten vier Jahre in zwei Jahren u.a. die Jahresumsätze von 750 Mio. EUR überschritten hat, kommt Ihr Unternehmen nicht in den Genuss dieser Neuregelung.

Aber auch so dürfte es schon schwierig genug sein, einen Produktionsbetrieb nach Dubai zu verlagern. Dort werden neben der Verfügbarkeit der Mitarbeiter auch die Logistik eine Rolle spielen. Je nach Markt müssen Sie die produzierte Ware erst einmal dorthin transportieren und dann vielleicht auch noch Einfuhrzölle bezahlen. Bei Europäischen Zielen kann dass dann auch einfacher werden, weil Sie vom EU-Markt profitieren können (z.B. Bulgarien).

---

[152] https://www.whitehouse.gov/presidential-actions/2025/01/the-organization-for-economic-co-operation-and-development-oecd-global-tax-deal-global-tax-deal/ (Stand 21.01.2025).

Neben den Einfuhrzöllen müssen Sie auch immer bedenken, dass der Import von Waren in der Zollabfertigung nur in Ausnahmefällen schnell gehen wird. Möglicherweise helfen Zollfreigebiete oder vergleichbare Sonderzonen, wenn die Ware nicht ganz importiert werden soll.

Spätestens seit den Panama-Papers[153] ist der breiteren Öffentlichkeit die Nutzung und Bedeutung von Briefkastenfirmen bekannt. Die Versuchung in der Vergangenheit war groß, einfach ein Unternehmen in einem steuerlich attraktiven Land zu gründen, eine zum Schein vorgetäuschte wirtschaftliche Aktivität zu entwickeln und dann darüber Umsätze abzurechnen und Gewinne im Ausland zu niedrigen Steuern abzuschöpfen.

Die Geschichte der Briefkastenfirmen ist lang: Schweiz, Liechtenstein, Luxemburg, Panama, Guernsey, Jersey, Gibraltar, Cayman Islands, Delaware in den USA, Zypern, Malta usw. wurden in diesem Zusammenhang oft genannt

---

[153] https://de.wikipedia.org/wiki/Panama_Papers (Stand 15.01.2025).

und einige Länder haben hart daran gearbeitet, den Ruf wiederherzustellen.

Aus gutem Grund wurden diese Strukturen aufgegriffen und auch steuerlich im jeweiligen Heimatland der Unternehmer verfolgt. Das deutsche Außensteuerrecht ermöglicht die Hinzurechnung von Steueroasengewinnen im Inland, Ihnen als Anteilseigner oder dem Unternehmen als Muttergesellschaft. Ganz zu schweigen von möglichen steuerstrafrechtlichen Folgen, die nicht vergessen werden dürfen.

Einzig die Unternehmen im Ausland mit Substanz, d.h. mit Mitarbeitern und einem Büro, sowie einem wirtschaftlichen Existenzgrund bleiben von diesen Regelungen ausgenommen und haben dann auch ihre Daseinsberechtigung.

Die zunehmende Transparenz in den verschiedenen Staaten, die Verfügbarkeit von Informationen und öffentlichen Registern, hat die Entdeckung dieser Strukturen einfacher gemacht, als dies vielleicht noch in den 50er Jahren der Fall war. Und damit können Sie nichts mehr - welche

Konstruktion auch immer Sie verwenden wollen - verstecken.

Zudem sind Sie verpflichtet, Auslandsstrukturen[154] in Deutschland offen zu legen. Unterlassen Sie das, dann machen Sie sich erst recht angreifbar. Damit setzen Sie den Bestand Ihres Unternehmens, der Arbeitsplätze Ihrer Mitarbeiter und nicht zuletzt auch vielleicht Ihre eigene Existenz aufs Spiel.

Dies sind vor allem die Regeln, die Sie als Unternehmer mit Firmensitz in Deutschland zu beachten haben.

Hinzu kommt, dass Sie als Unternehmer, mit einer Beteiligung an einer Kapitalgesellschaft bei einem Wegzug aus Deutschland auch eine Wegzugsbesteuerung zu gewärtigen haben.

Damit können Sie sich persönlich auch nicht so einfach aus der steuerlichen Verstrickung in Deutschland lösen.

---

[154] § 138 Abs. 2 AO; ähnliche Regelungen bestehen in einigen anderen Ländern auch.

Für die Verlegung Ihrer Firma könnte noch eine grenzüberschreitende Fusion oder die Einbringung der Anteile an Ihrer Firma in eine entsprechend international ausgerichtete Struktur eine Lösung sein. Eine steuerfreie Entstrickung der stillen Reserven - Entnahme ohne Besteuerung - aus dem deutschen Steuerrecht dürfte damit aber nicht zu ermöglichen sein.

Sollten Sie Ihre Unternehmen in einem anderen Land haben, so müssen Sie sich dort mit den jeweiligen Regelungen auseinander setzen, das deutsche Recht kann dann nicht helfen.

Was kann man machen?

Grundsätzlich sollten Sie überlegen, neue Aktivitäten dort anzusiedeln wo Sie wirtschaftlich am attraktivsten sind und steuerlich die geringste Belastung zu erwarten haben.

Exkurs: Arbeitszeiten

Neben der Steuer- und Abgabenlast kann man dabei natürlich auch noch die Gesamtarbeitszeit in den jeweiligen Ländern vergleichen.

In den letzten Jahren kam dann der Mythos „vom faulen Deutschen" auf, weil im Jahr 2023 nur 1.343 Std durchschnittliche Arbeitszeit pro Jahr bei deutschen Arbeitnehmern errechnet wurden.

Nur, lassen Sie sich von diesen Statistiken nicht beirren. Diese werden nach den statistisch erfassten Gesamtarbeitsstunden pro Jahr in das Verhältnis zu den insgesamt als Arbeitnehmer registrierten Personen erstellt.[155]

---

[155] Die OECD stellt auch klar: „Hours worked is the total number of hours actually worked per year divided by the average number of people in employment per year. Actual hours worked include regular work hours of full-time, part-time and part-year workers, paid and unpaid overtime, hours worked in additional jobs. Hours excluded include time not worked because of public holidays, annual paid leave, own illness, injury and temporary disability, maternity leave, parental leave, schooling or training, slack work for technical or economic reasons, strike or labour dispute, bad weather, compensation leave and other reasons. The data cover employees and self-employed workers. The data are intended for comparisons of trends over time; they are unsuitable for comparisons of the level of average annual

Annual working hours per worker

Before 1950, the data comes only from full-time production workers (non-agricultural activities). Starting in 1950, estimates cover total hours worked in the economy as measured primarily from National Accounts data.

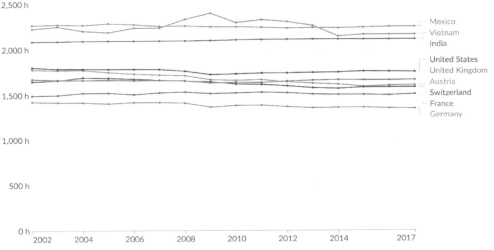

Data source: Huberman & Minns (2007) and PWT 9.1 (2019)   OurWorldinData.org/working-hours | CC BY
Note: We plot the data from Huberman & Minns (2007) and extend coverage using an updated vintage of PWT, which uses the same underlying source. Due to differences in measurement, comparability between countries is limited.

Abbildung 15 - Jährliche Arbeitsleitung, Quelle: https://ourworldindata.org/working-hours#all-charts

---

hours of work for a given year, because of differences in sources and methods of calculation. This indicator is measured in hours per worker per year." Quelle: https://www.oecd.org/en/data/indicators/hours-worked.html?oecdcontrol-d7f68dbeee-var3=2023 (Stand 27.01.2025).

Hours worked

Hours/worker

Abbildung 16 - Stand 2023, jährlich gearbeitete Stunden pro Arbeitnehmer und Land; Quelle: OECD https://www.oecd.org/en/data/indicators/hours-worked.html?oecdcontrol-d7f68dbeee-var3=2023

Da die Gesamtzahl der arbeitstätigen Bevölkerung erfasst wird, werden damit auch Teilzeitkräfte und andere Arbeitnehmer im Minijob etc. erfasst. Diese verringern natürlich die Gesamtarbeitszeit pro Kopf im Jahr, erst Recht wenn die Anzahl der Teilzeitarbeitnehmer ansteigt[156].

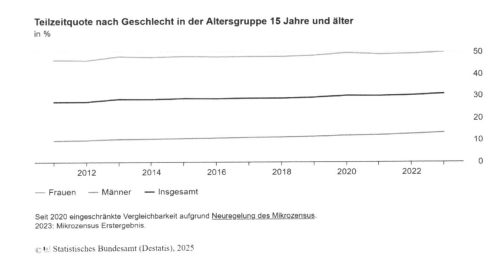

Teilzeitquote nach Geschlecht in der Altersgruppe 15 Jahre und älter
in %

— Frauen — Männer — Insgesamt

Seit 2020 eingeschränkte Vergleichbarkeit aufgrund Neuregelung des Mikrozensus.
2023: Mikrozensus Erstergebnis.

© Ⓜ Statistisches Bundesamt (Destatis), 2025

Abbildung 17 - Entwicklung der Teilzeit in Deutschland,Quelle: Destatis
https://www.destatis.de/DE/Presse/Pressemitteilungen/2024/04/PD24_N017_13.html

Danach hat der Anstieg der Teilzeitbeschäftigten den Durchschnitt der geleisteten Arbeitsstunden pro Arbeitnehmer relativ abgesenkt.

---

[156] Destatis Pressemitteilung 26.04.2024 https://tinyurl.com/34a6r6zh (Stand 12.02.2025).

Dieser Trend zur sinkenden Gesamtarbeitszeit pro Erwerbstätigen wird dann auch noch dadurch verstärkt, dass die Zahl der Erwerbstätigen in Deutschland von 2010 bis 2024 von rund 40 Mio. Erwerbstätigen auf ca. 46 Mio. um 15% angestiegen[157] ist, also anteilig auch noch mehr Teilzeitkräfte vorhanden sind.

Die Gründe dieses Gesamtanstiegs der Erwerbstätigen in Deutschland und der Teilzeitkräfte können vielfältig sein.

Tatsache ist, dass sich die Erwerbstätigenquote in Deutschland seit 1992 permanent von 67,8 % bis in 2023 auf 77,2 % erhöht hat, neben einem Anstieg der Bevölkerung in Deutschland im gleichen Zeitraum um etwa 5% von 80,9 auf 84,7 Mio. im Jahr 2024.

---

[157] Anstieg der Bevölkerung von 81,7 Mio. auf 84,7 Mio. Einwohner um nur 4% von 2010 bis 2024, Quelle: https://www.destatis.de/DE/Themen/Gesellschaft-Umwelt/Bevoelkerung/Bevoelkerungsstand/Tabellen/deutsche-nichtdeutsche-bevoelkerung-nach-geschlecht-deutschland.html (Stand 15.01.2025).

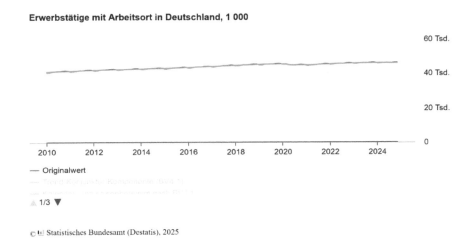

Erwerbstätige mit Arbeitsort in Deutschland, 1 000

60 Tsd.

40 Tsd.

20 Tsd.

0

2010   2012   2014   2016   2018   2020   2022   2024

— Originalwert

▲ 1/3 ▼

Abbildung 18 - Quelle Destatis -
https://www.destatis.de/DE/Themen/Wirtschaft/Konjunkturindikatoren/Arbeitsmarkt/karb8
12.html#355000

Mehrere Faktoren haben also zur Absenkung der durchschnittlichen Arbeitsleistung der Gesamtzahl der Erwerbstätigen beigetragen.

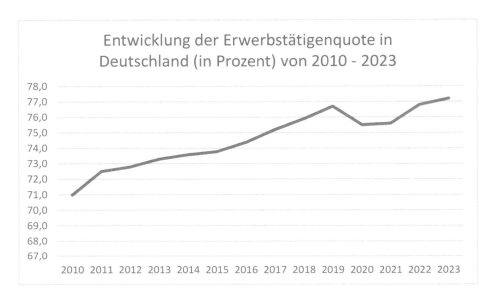

Abbildung 19 - Quelle Destatis
https://www.destatis.de/DE/Themen/Arbeit/Arbeitsmarkt/Erwerbstaetigkeit/Tabellen/erwer
bstaetigenquoten-gebietsstand-geschlecht-altergruppe-mikrozensus.html; Grafik: eigene

Insgesamt darf bei diesen Diskussionen nicht vergessen werden, dass nach dem Arbeitszeitgesetz in Deutschland eine maximale Arbeitszeit von wöchentlich 48 Stunden (acht Stunden pro Tag) möglich ist.[158]

Diese kann natürlich durch Tarifverträge oder individuelle Vereinbarungen verringert werden. Aber selbst die 40-

---

[158] § 3 Arbeitszeitgesetz; bei einer 40 Stunden-Woche und ca. 46 Arbeitswochen (Mindesturlaub und Feiertage) kommt man rechnerisch auf ca.1.840 Stunden pro Jahr.

Stunden-Woche ist immer noch möglich, wenn kein Tarifvertrag zu beachten ist.

Schließlich bleibt bei diesem Vergleich aus Abbildung 16 auch vollkommen außer acht, wie viele Urlaubs- und Feiertage im Land üblich sind (siehe auch Anhang IX). Diese bestimmen doch über die tatsächlich maximale Anzahl von Arbeitstagen.

Land	Urlaubstage	Feiertage	gesamt
Iran	26	27	53
San Marino	26	20	46
Jemen	30	15	45
Andorra	30	14	44
Bahrain	30	14	44
Bhutan	30	14	44
Madagaskar	30	13	43
Niger	30	13	43
Togo	30	13	43
Aserbaidschan	21	21	42

Abbildung 20 - Übersicht über die zehn Ländern mit der höchsten Summe gesetzlicher Feier- und Urlaubstage, Quelle: https://resume.io/blog/which-country-gets-the-most-paid-vacation-days (Daten 2022), Grafik: eigene.

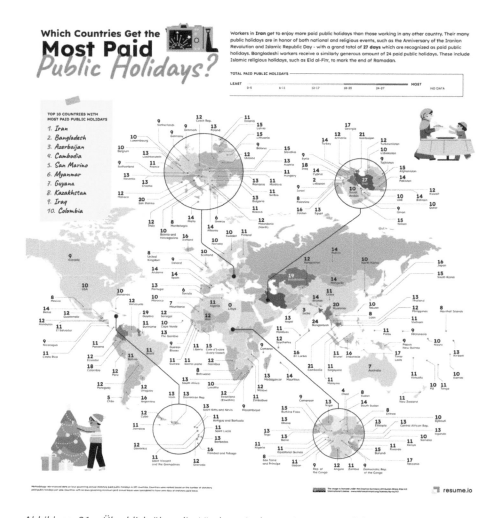

Abbildung 21 - Überblick über die Länder mit den meisten gesetzlichen Feiertagen, Quelle: https://resume.io/blog/which-country-gets-the-most-paid-vacation-days (Daten 2022) Abruf: 10.02.2025.

Die Arbeitsorganisation und -einstellung kann zusätzlich auch noch eine höhere Produktivität[159] pro Zeiteinheit bedeuten, weshalb also auch vor einem reinen Vergleich der statistischen Zahlen von verschiedenen Ländern zu warnen ist, um eine Verlagerung der Produktion o.ä. zu begründen. Zum Vergleich der Arbeitseffizienz selbst gibt es dann noch weitere Ansätze.

Bei der Standortwahl kann das Kriterium der geleisteten Arbeitsstunden pro Jahr eine Rolle spielen, aber man muss sich die Rahmenbedingungen insgesamt anschauen.

So können übermäßig gesetzlich abgesicherte Arbeitnehmer (auch durch tariflich gestützte Verträge) - wie in Frankreich - eher ein Hinderungsgrund für eine wirtschaftliche Aktivität in diesem Land sein.

---

[159] Die Arbeitsproduktivität wird berechnet als preisbereinigtes Bruttoinlandsprodukt (der Gesamtwirtschaft) bzw. preisbereinigte Bruttowertschöpfung (eines Wirtschaftsbereichs) je erwerbstätige Person oder je geleistete Erwerbstätigenstunde.

Abbildung 22 - Index der Arbeitsproduktivität in Deutschland 1991-2023, Quelle: Statista, Destatis Grafik: eigene

Das vermeintliche Rücklicht der einen Tabelle kann aus einem anderen Blickwinkel aber weiter vorne liegen.

Es kommt dabei auf das Geschäftsmodell an

Ferner müssen Sie je nach Geschäftsmodell eigene Überlegungen anstellen:

- Handel/ Provisionen
- Produktion

- Service/ Dienstleistungen/ Beratung

- Patente/ Rechte

- Finanztransaktionen

- Immobilien (Kauf/Verkauf, Vermietung)

- ….

Jedes Geschäftsmodell hat eigene steuerlich und auch tatsächlich relevante Rahmenbedingungen.

Handel/ Provisionen

Handel definiert sich durch das Bewegen von Waren. Hierbei können Sie natürlich auch von einem Standort wie Dubai den Handel betreiben und die dort erzielten Gewinne in einer Freihandelszone steuerfrei vereinnahmen. Dafür muss die Ware nicht einmal physisch über Dubai gehandelt werden und sie kann per Streckengeschäft zwischen Lieferant und Abnehmer aus der Entfernung vollzogen werden. Sie müssen nur beachten, dass Sie den Handel und die Beziehungen neu aufbauen, um sich den Vorwurf der Funktionsverlagerung eines alten Geschäftsmodells aus Ihrer alten Heimat zu ersparen.

Sie werden ein Büro an dem Standort des Handelsgeschäfts benötigen, leben Sie nicht am Standort des Büros, dann sollten Sie auch Personal dort beschäftigen, um die Substanzerfordernisse zu erfüllen.

Leben Sie nicht am Sitz des Unternehmens und sind Sie für die Geschäftsleitung verantwortlich, so sollten Sie es absolut vermeiden, Geschäftsentscheidungen außerhalb des Landes Ihres Geschäftssitzes zu treffen.

Sollten Sie Entscheidungen in Deutschland treffen, so könnte über einen faktischen Sitz der Geschäftsleitung[160] eine Steuerpflicht in Deutschland hergeleitet werden. Dies könnte auch die Entscheidung über den Abschluss eines Vertrages mit einem Lieferanten oder Kunden oder gar die Unterschrift eines solchen sein.

Die Trennung zwischen Privatem und Geschäftlichen ist absolut zu beachten.

---

[160] § 10 AO.

Erst recht wird der Handel nicht möglich, wenn es sich um ein Handelsgeschäft handelt, was auch oder nur in Deutschland erbracht wird. Denken Sie an den Handel mit Maschinen oder den Autohandel: handeln Sie mit exklusiven Oldtimern, dann ist der Transport von Land A nach B egal, weil es um seltene, wertvolle Fahrzeuge geht. Handeln Sie mit LKW oder normalen PKW in Deutschland, dann nützt Ihnen die Handelsgesellschaft in einem Niedrigsteuerland rein gar nichts. Alleine durch den Abstellplatz, den Sie für die Fahrzeuge benötigen, begründen Sie mindestens eine Betriebsstätte in Deutschland, die als steuerlicher Anknüpfungspunkt für die deutsche Besteuerung gilt. Und derjenige, welch die Verkaufsverträge mit dem persönlich vorsprechenden Käufer schließt, wäre Ihr Abschlussbevollmächtigter vor Ort. Ihr Geschäftsmodell steht Ihnen hier für Gestaltungen jeglicher Art im Weg.

Produktion

Im Gegensatz zum Handel, bei dem Sie wenige Personen benötigen, ist bei einer Produktion im Ausland eher weniger das Verwaltungsbüro ein Problem, Produktionsanlagen und Mitarbeiter für die Produktion begründen alles für die Aktivität in diesem Land.

Wie bereits in Abbildung 7 gezeigt, kommt es bei der Produktion auf die Lohnkosten und Sozialkosten auf der einen Seite an. Andere Faktoren wie Energiepreise, Grundstückspreise, Rohstoffpreise, Transportkosten usw. spielen ebenfalls eine wesentliche Rolle für den Erfolg.

Lediglich im Rahmen der Verrechnungspreise der Güter, wenn Sie diese in Ihrer Unternehmensgruppe verwenden und abrechnen wollen, müssen Sie steuerlich unangreifbar arbeiten.

Sollten im Land der Produktion Kapitalverkehrs-beschränkungen bestehen, so müssen Sie sich ebenso bewusst sein, dass Sie Gewinne aus dieser Einheit nicht ohne weiteres in das Ausland transferieren können. Bei Beschränkungen könnten Sie auf Kapitalreserven dieses Unternehmensteils nicht zurückgreifen usw. Gleiches kann eintreffen wenn Sie mit einem lokalen Partner ein Joint

Venture gründen und der Partner dem Gewinnabfluss nicht zustimmen will oder generell Sanktionen gegen das Produktionsland erhoben werden.

Service/ Dienstleistung/ Beratung

Hier sind ähnliche Bedingungen, wie beim Handel zu beachten. Allerdings kann es sein, dass manche der Leistungen (Wartung, Reparatur, ...) vor Ort beim Kunden zu erbringen sind, auch wenn die Kunden nicht im Land des Unternehmens sitzen.

Soweit Sie Dienstleistungen tatsächlich remote – also aus der Entfernung – erbringen können, so ist es weniger kompliziert. Auch Leistungen, die über Software gesteuert werden (SaaS-Dienste), können aus einem anderen Land unkompliziert weltweit erbracht werden. Höchstens bezüglich der abzurechnenden Umsatzsteuer und möglicher Sonderabgaben[161] im Empfängerland kann es zusätzlichen Handlungsbedarf geben.

---

[161] Stichwort Digitalsteuer:
https://www.ihk.de/hannover/hauptnavigation/international/laender-und-

Als Berater kommt es auch darauf an: sitzen Sie während der Erbringung der Beratungsleistung an Ihrem Schreibtisch in Ihrem Büro am Unternehmenssitz oder reisen Sie zum Kunden?

Wenn letzteres der Fall ist, so müssen Sie darauf achten, keine Betriebsstätte beim Kunden zu begründen. Mit dieser würden Ihre Leistungen wieder im Land der Leistungserbringung[162] steuerpflichtig – und dieses Prinzip gilt nicht nur für Deutschland, sondern auch in anderen Ländern: stellen Sie sich vor, Sie haben eine Ferienwohnung auf Mallorca und reisen regelmäßig dorthin, natürlich arbeiten Sie dort auch für Ihre Mandate. Damit schaffen Sie selbst Abgrenzungsprobleme, wo wird welches Arbeitsergebnis steuerbar sein?

Im Zweifel schaffen Sie unerwünschte steuerliche Begehrlichkeiten am Ort Ihrer Ferienimmobilie.

---

maerkte/europa2/frankreich-fuehrt-digitalsteuer-rueckwirkend-zum-01-02-19-ein-5197548 (Stand 15.01.2025).
[162] § 12 AO Betriebsstätte und Doppelbesteuerungsabkommen.

In diesen Fällen ist die vorsorgliche klare Abgrenzung zwischen privaten und unternehmerischen Aktivitäten absolut anzuraten.

Patente/ Rechte

Patente und die Einkünfte aus der Verwertung ihrer Rechte sind in Deutschland grundsätzlich einkommenssteuerpflichtig, auch wenn sie im Privatvermögen gehalten werden. Teilweise wird als steuerlicher Anknüpfungspunkt auch der Ort der Registrierung als Patent genannt, weil dieses dann dort als verwertet gilt.

Bei Zahlung von Lizenzgebühren in das Ausland können auch noch Quellensteuern mit Abzug an der Quelle anfallen. Dies liegt daran, dass Lizenz- oder Patentverwertungsgebühren in manchen Ländern, wie zum Beispiel Irland[163], unter bestimmten Bedingungen

---

[163] Bis 2020 durchaus als „Double Irish With a Dutch Sandwich" – Lösung bekannt und dann abgeschafft.

einkommensteuerfrei gestellt werden. Es kommt dabei nur auf die Konstruktion der weiteren Verbindungen an.

Gleiches ist auch möglich, wenn die Lizenzen oder Patente von Offshore-Gesellschaften mit geringem oder keinem Steuersatz gehalten werden.

Beispiel: Ein Sportler lebt in Monaco. Er vermarktet seine Bildrechte weltweit über eine Gesellschaft auf den British Virgin Islands. Soweit dies in steuerlich optimierter Form geschieht, kann es sein, dass der Sportler seine Einnahmen ohne große Abzüge vereinnahmen kann. Da er in Monaco über diese Einkünfte keine Rechenschaft legen muss, fallen darauf für ihn auch keine Steuern an. Er optimiert seine Einkommenssituation.

Den größten Sinn ergeben diese Verwertungsgesellschaften dann, wenn der daraus wirtschaftlich Begünstigte in einem für ihn steuerlich attraktiven Umfeld lebt und Einkünfte aus

Steueroasen für ihn kein Problem darstellen, weil er sie gar nicht erklären muss.

Immobilien

Bei Immobilien gibt es immer einen besonderen Anknüpfungspunkt: das ist die Immobilie. Dort wo die Immobilie liegt, besteht auch der Anknüpfungspunkt für eine Steuerpflicht, zumindest für die meisten damit verbundenen Leistungen.

So können Sie Ihre Immobilie nicht verlagern, die Mieteinkünfte kommen immer aus dem Land der Immobilie.

Natürlich können Sie Immobilien über Gesellschaften halten, die in einem anderen Land ansässig sind. Selbst dann gibt es noch die Mieten, die sie immer noch aus dem Land der Immobilie erhalten und für grunderwerbsteuerpflichtige Vorgänge gibt es ebenfalls Anknüpfungspunkte im Inland.

Der Nachteil des Einen kann hier der Vorteil des Anderen sein: gleiches gilt meistens auch für die Immobilie im Niedrigsteuerland. Halten Sie eine Immobilie als Person direkt oder über eine Personengesellschaft, so werden Sie am Ort der Immobilie mit dem dort gültigen Steuersatz besteuert. Damit ist für Sie Tür und Tor bei der steuerlichen Optimierung geöffnet.

In der Welt der Vermögensverwaltung werden diese Praktiken genutzt, um zum Beispiel in den USA in Immobilien zu investieren. Sie werden Gesellschafter einer Personengesellschaft, die in den USA die Immobilien besitzt und vermietet. Die Einkünfte unterliegen abschließend dem US-amerikanischen Einkommenssteuersatz.[164]

Vermögensverwaltung

Durch einen Wegzug verändern Sie Ihren Wohnsitz. An den Wohnsitz knüpfen sich nicht nur die steuerlichen

---

[164] Der liegt bei laufendem gewerblichem Einkommen und einem Ertrag von 1.000.000 USD bei durchschnittlich ca. 35,2%; wird die Immobilie länger als zwölf Monate gehalten und dann verkauft, so wird die Wertsteigerung der Immobilie nur mit einem Einkommenssteuersatz von 20% besteuert. Aufgrund der Belegenheit der Immobilie ist die Besteuerung in den USA abschliessend unter Progressionsvorbehalt (Siehe auch Abbildung 23) auf Seite 224.

Rahmenbedingungen für die Besteuerung der Erträge aus einer Vermögensverwaltung, sondern auch die vertrieblichen und regulatorischen Anforderungen.

Damit wird jede Ihrer Bankbeziehungen faktisch neu auszurichten sein.

Sollten Sie Ihre Bank nicht proaktiv informieren, so kann es geschehen, dass diese die Beziehung zu Ihnen einfach so beendet.

Soweit sie nur Guthaben oder Aktien haben, ist das noch vertretbar. Aber bei Krediten - private, unternehmerische oder Kreditkartenschulden – wird das problematisch, weil Sie plötzlich mit einer Rückzahlung konfrontiert werden könnten. Die einfachste Begründung ist, dass die Bank nicht zur Kreditvergabe am neuen Wohnort berechtigt ist bis hin zu komplexen Argumentationen. Und dabei helfen auch die EU-Regularien nicht.

Und selbst bei international ausgerichteten Banken kann es sein, dass diese eben mit dem neuen Wohnort aus Gründen der Compliance oder wegen Geldwäscherichtlinien (siehe Abbildung 2) Probleme haben.

Einfach ist es, wenn Sie mit Ihrer Bank sprechen und sich z.B. an deren Auslandsniederlassung verweisen lassen. Dann kommen Sie von „intern" und nicht als Neukunde durch die Tür. Sie nehmen in diesem Fall ein wenig Ihrer Historie mit.

In anderen Fällen kann der Aufbau einer Neubeziehung komplexer werden. Rechnen Sie damit, dass Sie die Herkunft Ihres Vermögens und Ihrer Einkünfte minutiös auch mit Einkommenssteuerbescheiden belegen können müssen.

Bei der Vermögensverwaltung kann es sein, dass Sie – je nach Wohnortwahl – Ihre Anlagen nach dem neuen Wohnort optimieren müssen.

Unterliegen Sie einer Wegzugsbesteuerung, so sollten Sie in Zukunft nicht mehr über deutsche Einkunftsquellen verfügen. So fallen Zinszahlungen deutscher Schuldner auch weiterhin unter die deutsche Steuerpflicht.

Anlagen in Fonds können von Land zu Land unterschiedlichen Regeln der Besteuerung unterliegen. Ein US-Fonds ist nicht steuereffizient in Deutschland und eventuell umgekehrt. In einem Land steuerfrei gestellte Einkünfte müssen das nicht in dem anderen Land sein.

Genauso verhält es sich mit Anlagen in Kryptowährungen, die in unterschiedlichen Ländern unterschiedlich besteuert werden können, nicht nur als Anlageklasse, sondern vielleicht auch unterschiedlich je nach Gestaltung. Bedenken Sie, dass viele Länder ihre Liste der Begehrlichkeiten auch den neuen Möglichkeiten nach schnell anpassen.

Last but not least sollte man bedenken, dass eine Lebensversicherung oder auch eine Kapitallebens-versicherung nach deutschem Recht nicht unbedingt steuerlich effizient im Zuzugsland ist. Unter Umständen wird sie regulatorisch dort auch gar nicht anerkannt.

Gegebenenfalls sind die Begünstigungsregelungen der Lebensversicherung anzupassen, wenn es im Zuzugsland andere Regelungen hierzu gibt als in Deutschland.

Die Verwaltung der Versicherungsbeiträge auf Versicherungsebene muss eventuell auch angepasst werden, um den neuen Rahmenbedingungen gerecht zu werden. Diese richten sich in der Regel am Wohnort des Versicherungsnehmers aus.

Da eine Umstellung Ihrer Anlagen teilweise stichtagsbezogen erfolgen muss, sollten Sie auch diesbezüglich rechtzeitig fachmännischen Rat hierzu einholen.

Andere Strukturen der Vermögensverwaltung, wie Stiftungen, vermögensverwaltende GmbH / KG usw. sollten Sie vor einem Umzug in jedem Fall überprüfen lassen. Nicht nur, weil eine mögliche Wegzugsbesteuerung greifen könnte, sondern weil auch eine mögliche Abschirmwirkung zwischen dem Gesellschafter und den Einkünften der Gesellschaft entfallen könnte.[165]

---

[165] Z.B in den USA, andere Länder mit CFC-Rules.

Asset Protection – Forum Shopping

Asset Protection

Dieser Begriff umschreibt im Allgemeinen Maßnahmen, die ergriffen werden, um Vermögen vor dem Zugriff Dritter zu schützen.

Dritte können hier Gläubiger, geschiedene Ehegatten oder auch Staaten sein.

Die Gründe, warum man meint, dass man solche Maßnahmen ergreifen muss, können vielfältig sein. Auch muss man kein Betrüger sein, mit dem Ziel seine unrechtmäßig erlangte Beute zu sichern. Im Zweifel würde dies vielleicht nicht oder auch nur beschränkt auf Dauer funktionieren.

Prominentestes Negativbeispiel der letzten Jahre war der Mitarbeiter der zusammen gebrochenen deutschen Firma Wirecard, Jan Marsalek[166], der sich mutmaßlich mit einem beträchtlichen Vermögen nach Russland abgesetzt haben soll.

---

[166] https://de.wikipedia.org/wiki/Jan_Marsalek (Stand 04.02.2025).

Wie gesagt, es muss nicht immer eine Straftat sein, die Auslöser für die Maßnahmen ist.

Es kann sein, dass Sie sich einfach um Ihre Familie sorgen und diese für die Zukunft absichern wollen. Als Unternehmer können Sie schnell in zivilrechtlichen Haftungsfällen landen, die Sie persönlich in die Insolvenz treiben können.

Ein Wegzug ins Ausland wird in diesen Fällen oft gewählt, um mögliche Verfahren zu verzögern. Internationale Verfahren dauern länger und vielleicht finden Sie in der Zwischenzeit eine Lösung für die Probleme. Im übrigen kann es auch reichen, mit der tatsächlichen Schwierigkeit der Vollstreckung und Rechtsdurchsetzung im Ausland einen Vergleich zu erarbeiten.

Auch ist es möglich, andere rechtliche Konstruktionen zu wählen, die Sie im neuen Land vor Haftung schützen. Eine Firma in der Hand Ihrer Familie kann Sie im Ausland beschäftigen und so können Sie weiterhin für Ihren Lebensunterhalt sorgen.

Die Planung solcher Vorhaben ist schwierig und Sie brauchen absolut vertrauenswürdige Fachleute, die Sie begleiten können. Nach Ansicht des Autors gibt es hier keine absolute Sicherheit und die Gesetze können sich auch jederzeit zu Ihrem Nachteil ändern. Diese Ausgangssachverhalte können ein Grund für die Auswanderung sein.

Forum Shopping[167]

Im Zusammenhang mit der Asset Protection möchten wir noch das Forum Shopping[168] nicht unerwähnt lassen. Hierbei handelt es sich um das bewusste Ausnutzen von unterschiedlichen Rechtsordnungen oder Rechtsgrundsätzen zum eigenen Vorteil.

Zwei Bereiche fallen in diesem Zusammenhang besonders auf:

- das Scheidungsrecht
- das private Insolvenzrecht

---

[167] Siehe oben Seite 170.
[168] https://de.wikipedia.org/wiki/Forum_Shopping (Stand 04.02.2025).

Hier geht es auch wieder um tatsächliche Anknüpfungspunkte im Recht: dem Wohnsitz. Ein anderer Bereich wurde bereits im Zusammenhang mit der Arbeitslosenversicherung auf Seite 171 beschrieben.

Im Scheidungsrecht werden die Folgen der Scheidung am Wohnort ausgerichtet. Teilweise können auch die Gründe der Scheidung für die weiteren Folgen maßgeblich sein.

Leben Sie als deutsches Ehepaar in Belgien und Ihre Ehe wurde in Deutschland geschlossen, so findet in dem Fall, wenn Sie Ihre Ehescheidung in Belgien bei Gericht beantragen, belgisches materielles Recht Anwendung. Dieses sieht das Verschuldensprinzip bei der Scheidung vor und derjenige, der Schuld hat, verwirkt somit auch seine Unterhaltsansprüche. Kann der eine Ehegatte also die Schuld des anderen nachweisen, so kann es zu dieser Rechtsfolge kommen, mit der Konsequenz, dass der „Schuldige", der „Ehebrecher", keinen Unterhalt bekommt.

Nun kommt eine Scheidung nicht über Nacht zustande und es gibt Zeit zu handeln, sich innerhalb der EU-Regeln vorzubereiten. Denn auch die EU hat diesbezüglich entsprechende Regelungen aufgestellt.

Wichtig ist dabei zu wissen, dass man jederzeit an seinem Wohnort die Scheidung einreichen kann. Ziehen Sie also aus Belgien weg und nehmen Wohnsitz in Deutschland, so können Sie Ihre Scheidung in Deutschland einreichen. Wichtig ist, dass Sie durch Zustellung der Scheidung diese zuerst rechtsanhängig machen. Damit haben Sie schon den Gerichtsstand für das weitere Verfahren gewählt. Ein deutsches Gericht wird aber die rechtlichen Rahmenbedingungen aus Belgien, insbesondere das Schuldprinzip, nicht anwenden, weil dieses in Deutschland seit langem abgeschafft wurde, sondern deutsche Prinzipien in Ansatz bringen. Für die Bemessung des nachehelichen Unterhalts werden die deutschen Regelungen aufgrund des maßgeblichen Wohnsitzes heran gezogen. Das bedeutet, dass Sie trotz einer schwierigen Ausgangslage hier voraussichtlich nicht ohne Unterhaltsansprüche nach der Scheidung sein werden. Zahlreiche vom römisch-katholischen Recht geprägte Länder[169] haben solche Verschuldensregeln immer noch in ihrer Gesetzgebung für die Scheidung verankert.

Bis zum Brexit war auch London, bekannt für seine vorteilhaften Entscheidungen zu Gunsten des finanziell Schwächeren in einer gescheiterten Ehe, Ziel einer bewußten Migration. Auch nach dem Brexit gibt es noch Ansätze, sich dieses Rechtssystem zu Nutzen zu machen.[170]

Beim privaten Insolvenzrecht, der Verbraucherinsolvenz, wird vor allem eine kürzere Wohlverhaltensfrist in einem anderen Land ausgenutzt. So liegt die Dauer bis zur Restschuldbefreiung in Frankreich bei zwölf Monaten, wenn man dort auch seinen Lebensmittelpunkt hat. In Deutschland dauert dieses Verfahren nach ursprünglich sechs Jahren jetzt nur noch drei Jahre. Aufgrund EU-Recht ist die

---

[169] Z.B. Österreich.
[170] https://www.lexisnexis.co.uk/blog/research-legal-analysis/cross-border-divorce-after-brexit-the-end-of-forum-shopping; https://anthonygold.co.uk/latest/blog/forum-shopping-in-divorce-update-after-mittal-v-mittal-decision ; https://www.edwardsfamilylaw.co.uk/post/international-divorce-and-forum-shopping/ (alle Stand 04.02.2025).

Restschuldbefreiung aus Frankreich in der gesamten EU anzuerkennen.

Dies ist ein typisches Beispiel, wie unterschiedlich die Regelungen innerhalb der EU noch sind. Und warum sollte sich ein betroffener Bürger damit nicht beschäftigen?

Internationale Investitionen zu ihrem Vorteil

Wenn Ihnen der Wegzug zu schwierig oder komplex wird, dann müssen Sie Ihre Sichtweise ändern, um von „grüneren Wiesen" profitieren zu können.

Warum nicht in der Form investieren, die ihnen wirtschaftliche Vorteile bringen? Wobei hierbei natürlich ein „besseres" wirtschaftliches Umfeld und niedrigere Steuern zu höheren Nachsteuerergebnissen führen. Denken Sie jetzt bitte nicht an steuerliche Vorteile aus deutscher Sicht, in Form von Abschreibungen, Denkmalschutz-Afa[171],

---

[171] i.e. erhöhte Abschreibungssätze für Immobilieninvestitionen in Deutschland.

Subventionen für Umbauten usw. Die Erfahrung damit hat gezeigt, dass solche Förderungen in der Regel nicht bei Ihnen ankommen, sondern meistens beim Anbieter der entsprechenden Leistungen bleiben.

Vor allem in einem wirtschaftlich schwierigen Umfeld in Deutschland kann es attraktive Alternativen in anderen Ländern mit mehr Wachstum geben.

Aus unternehmerischer Sicht ist heute mehr Internationalität zu empfehlen. Also lautet das Kommando nicht unbedingt „Zelte abbrechen", sondern „nutzen Sie Ihr Know-How für Neues".

Insbesondere kann man sich danach ausrichten, wo ein Unternehmen mit seiner Tätigkeit am geringsten besteuert wird. Sobald dieses am Ort der Aktivität über Büroräume und Personal verfügt, ist das Unternehmen steuerlich als dort ansässig zu betrachten.

Somit können Sie in vielen Ländern über einen Steuersatz von unter 20% Körperschaftssteuer profitieren. Im direkten europäischen Umfeld sind das schon mehr als dreizehn Jurisdiktionen.[172]

Die Steuer fällt auf den Unternehmensgewinn an. Dieser wird ermittelt, indem von den Einnahmen die tatsächlich angefallenen Kosten abgesetzt werden.

Je nach Land gibt es unterschiedliche Regelungen für die Anerkennung von Unternehmensausgaben. Eine Beschränkung der Abzugsfähigkeit von Bewirtungsaufwendungen, wie es in Deutschland der Fall ist, gibt es in anderen Ländern vielleicht gar nicht oder in anderer Form – um nur ein Beispiel zu nennen.

Bei Finanzierungsstrukturen gibt es zum Beispiel in dem ein oder anderen Land hybride Gestaltungen, die Dividendenzahlungen auf Unternehmensebene als Zinsaufwand verbuchen lassen. Damit werden Dividenden mit entsprechenden Vorzügen an die Muttergesellschaft[173]

---

[172] Siehe Abbildung 9.
[173] Siehe: Richtlinie 90/435/EWG des Rates vom 23. Juli 1990 über das gemeinsame Steuersystem der Mutter- und Tochtergesellschaften verschiedener Mitgliedstaaten und ihre Umsetzung in den jeweiligen DBA.

ausgeschüttet und die Dividenden steuermindernd auf der Gesellschaftsebene als Zinsaufwand verbucht.

Die Höhe des steuerlichen Gewinns wird dadurch reduziert, so auch die steuerliche Gesamtbelastung, gleichzeitig erhält die Muttergesellschaft privilegierte Dividendenausschüttungen.

Ohne Gesellschaftsstruktur einer Kapitalgesellschaft geht es auch, wenn Sie direkt in Immobilien investieren wollen. Immobilieneinkünfte werden immer am Standort der Immobilie besteuert. D.h. wenn Sie als Ausländer in dem Zielland in Immobilien investieren dürfen[174], dann können Sie dort auch direkt von niedrigen lokalen Steuersätzen profitieren.

Denken Sie an die niedrigen Einkommenssteuersätze in Rumänien oder Bulgarien. Als EU-Bürger können Sie dort ohne weiteres Immobilien erwerben.

---

[174] In der Schweiz dürfen Sie z.B. nur in gewerblich genutzte Immobilien investieren.

Da die Immobilienpreise in diesen Ländern recht niedrig sind, können Sie mit wenig Geld Ihre Investments diversifizieren. Die niedrigen Einkommenssteuern dort ermöglichen es Ihnen, eine größere Quote der Erträge zu reinvestieren. Gleichzeitig können Sie die Immobilien mit günstigen lokalen Arbeitskräften renovieren und bessere Mieteinnahmen erzielen.

Die als Einzelperson erzielten Einnahmen bleiben auch in Deutschland von weiterer Besteuerung verschont. Lediglich ist es so, dass die Einnahmen in dem anderen Land in Deutschland im Rahmen der Ermittlung des Welteinkommens zur Berechnung des Progressions-vorbehalts heran gezogen werden. Damit wird die Steuersatzbestimmung gemeint, mit der Ihr deutsches Einkommen zu versteuern ist.

Progressionsvorbehalt

	Wohnsitz		Mieteinkünfte		Welteinkommen
	Land A		Land B		
Einkommen		100,00 €		50,00 €	150,00 €
Steuersatz im Land alleine	32,42%	32,42 €	10,00%	5,00 €	37,42 €
korrektur Progressionsvorbehalt	36,64%	36,64 €			41,64 €
Gesamtsteuersatz					27,76%

Abbildung 23 - Erläuterung der Wirkung des Progressionsvorbehalts; Quelle: eigene Recherche; Grafik: eigene

Der bei Abbildung 23 gezeigte Effekt ist, dass im Vergleich zur Besteuerung des gesamten Einkommens von 150 in Land A durch die Verteilung über die Länder der nachsteuerliche Ertrag um 14% p.a. höher liegt, wenn die Vorteile des Landes B durch ihren niedrigen Steuersatz greifen. (Im Durchschnitt liegt die Gesamtsteuerlast bei diesem Beispiel über beide Länder berechnet bei 27,7%.)

Bei der Überprüfung des Beispiels lässt sich errechnen, dass der Durchschnittssteuersatz auf alle Einkünfte im Land A damit nur ca. 4,2% höher liegt – dies gilt hier für den Fall, in dem Sie wie in Abbildung 23 bei einem angenommenen zu versteuernden Einkommen von 100.000 EUR liegen. Die

Nachsteuerrendite für alle Einkünfte (Land A+B) liegt aber insgesamt um 14% höher, als wenn Sie alles im Land A versteuert hätten.

Verdienen Sie als Alleinstehender in Deutschland 277.900 EUR oder mehr im Jahr, so sind Sie bereits im Grenzsteuersatz von 45% angekommen und Ihre durchschnittliche Steuerbelastung liegt bei 40,16% (bei einem Einkommen von 277.900 EUR). Rechnet man bei der Welteinkommenskalkulation noch die 50.000 EUR fiktiver Einkünfte aus dem Beispiel aus Land B hinzu, so steigt die durchschnittliche Einkommenssteuerbelastung des Einkommens in Deutschland auf nur 41,28%, also um ca. 1,1 % im Durchschnitt.[175]

Die durchschnittliche Gesamtbelastung mit Einkommenssteuern fällt dann aber auf 36,51% herunter.

---

[175] Siehe hierzu Abbildung 23..

Progressionsvorbehalt II

	Wohnsitz		Mieteinkünfte		
	Land A		Land B		Welteinkommen
Einkommen		277,90 €		50,00 €	327,90 €
Steuersatz im Land alleine im ø	40,16%	111,60 €	10,00%	5,00 €	116,60 €
korrektur Progressionsvorbehalt	41,28%	114,72 €			119,72 €
Gesamtsteuersatz					36,51%

Abbildung 24 - Progressionsvorbehalt II, Berechnung am Beispiel Grenzsteuersatz; Quelle: eigene Recherche

Je mehr Sie den durchschnittlichen Einkommenssteuersatz vor dem Auslandsinvest an den Grenzsteuersatz angleichen, desto effektiver ist am Ende das Investment im Land B.

Das Investment im Land B rentiert sich nach Steuern eben um so mehr auch mit einer leichten Erhöhung der Steuerlast in Deutschland. Soweit die Mieteinnahmen entsprechend gesichert werden können, haben Sie damit ein potentielles Mittel in der Hand, Ihr Vermögen zu erweitern und aufzubauen.

Sollten dann die m²-Preise nur einen Bruchteil von denen in Deutschland ausmachen, so können Sie für Ihr Geld weitaus mehr m² erwerben als in Deutschland. Gegebenenfalls ist die

Rendite wegen eines anderen Zinsumfelds außerhalb der Eurozone auch noch höher.

Handelt es sich um Euro-Kandidaten oder um künftige EU-Mitglieder so können sich die Preise nach dem Beitritt in den Euro-Raum oder in die EU noch weiter positiv entwickeln. Das zu erwartende Wachstum der Länder wird dazu auch die Kaufkraft in diesen Ländern stärken und für eine weitere positive Entwicklung sorgen.

Neben der Mietrendite spielt für den Investor in diesem Zusammenhang auch die potentielle Wertsteigerung der Immobilie eine weitere wesentliche Rolle bei der Investitionsentscheidung.

Es gibt durch den Progressionsvorbehalt zwei wesentliche Effekte, die es zu verinnerlichen gilt:

1) Haben Sie im Land A effektiv Null Einkommen, so kann Ihnen der anwendbare Einkommenssteuersatz auf das „Null-Einkommen" egal sein. 45% von 0,00 EUR bleiben Null.

2) Haben Sie im Land A den maximalen Steuersatz erreicht, dann ist es bei der Ermittlung des Progressionsvorbehalts egal, wieviel Einkommen noch hinzugerechnet wird, um den Steuersatz zu bestimmen, mit dem das Einkommen im Land A versteuert wird. Da sich das Besteuerungsrecht des Landes A nur auf das Einkommen aus diesem Land bezieht, wird dieses am Ende auch nicht höher besteuert. Ein Nachteil ergibt sich daraus nicht.

Theoretisch ist es so denkbar, dass Sie Ihr gesamtes Einkommen aus Immobilien in einem steuerlich günstigen Land beziehen und in Deutschland über gar kein steuerlich relevantes Einkommen aus deutschen Quellen verfügen.

Damit können Sie im „Hochsteuerland" Deutschland auch von den niedrigen Steuern eines anderen Landes profitieren, ganz legal. Wozu wollen Sie dann noch wegziehen?

Mit etwas mehr Aufwand können Sie auch in einem Land mit günstigen Steuern für Gewerbetreibende aktiv werden, jede Woche dorthin zum Arbeiten pendeln und aufgrund der

Zuordnung des Gewinns zur Betriebsstätte von der Besteuerung in Deutschland freigestellt sein[176].

Damit wird deutlich, dass es gar nicht des vollen Wegzuges braucht. Durch internationale Diversifikation und gute Planung können Sie schon einiges erreichen, was Ihnen vielleicht sonst die Stimmung vermiest.

Wenn Sie unternehmerisch aktiv sind, dann überlegen Sie sich vor Ihrer Investition, welche Ziele Sie haben und wie Sie das vielleicht optimieren können. Aber es gibt genügend Wege, das zu erreichen.

Neuland betreten

Wenn Sie in einem anderen Land aktiv werden wollen, so ist davon abzuraten, einfach dorthin zu fahren und das erstbeste Objekt zu kaufen.

---

[176] DBA OECD Musterabkommen Art. 5.

Auch hier braucht es Planung und Vorbereitung. In jedem Fall sollten Sie sich vorher fachmännischen Rat sichern, der Sie sowohl in ihrem Heimatland als auch im Zielland begleitet.

Nehmen Sie die Dinge im Zielland persönlich in Augenschein und nehmen Sie sich Zeit dabei. Verlassen Sie sich nicht auf die Erzählungen Dritter. Jeder hat unterschiedliche Vorstellungen von Rendite und Solidität und deshalb werden Wahrnehmungen unterschiedlich interpretiert und verstanden.

Dazu kommt, dass Sie beim persönlichen Augenschein auch viel mehr Eindrücke wahrnehmen, als Sie dies auf ein paar Photos oder Google Earth sehen können. Immer wieder haben wir festgestellt, dass einige Immobilienportale darauf spezialisiert sind, ausländische Investoren anzulocken und damit gleichzeitig auch einen höheren Preis veranschlagen. Im direkten Verkauf vor Ort kann der Immobilienerwerb vielleicht noch günstiger und noch besser überprüfbar sein. Ungeachtet dessen bauen Sie sich dabei ein lokales Netzwerk auf, das Ihnen bei künftigen Transaktionen vor Ort hilfreich sein kann.

Sie sollten also nicht davor zurück schrecken, in das Zielland zu fahren, aber Sie sollten einen Plan haben, bevor Sie Neuland betreten.

Risiken/ Problemfälle

Dieses Kapitel wird vielleicht als erhobener Zeigefinger wahr genommen. Aber hier soll insbesondere sensibilisiert werden, dass es zahlreiche Fallstricke gibt und fachmännischer Rat, der zuerst eingeholt wird, wahrscheinlich günstiger ist, als wenn man später die Kohlen aus dem Feuer holen muss. Zu oft bewahrheitet sich auch hier der Grundsatz, wer billig kauft, zahlt zwei Mal.

Worum geht es im Wesentlichen?

Steuern und Sozialabgaben sind zwei Dinge, die allen Staaten wichtig sind. Vor allem die Nichtzahlung von Steuern, oder die Vorenthaltung von Steuern wird nicht mehr als Kavaliersdelikt[177] betrachtet.

Auch steuerliche Gestaltungen in Verbindung mit Auslandsaktivitäten werden vom Gesetzgeber unter einen Generalverdacht gestellt, dass hier absichtlich Steuern verkürzt werden sollen.

Vergessen wird gerne die Relevanz der Sozialabgaben, auf die jeder Staat, neben der Einhaltung der Formalien, ein Augenmerk hat.

Vor dem Ganzen stehen noch die große Marketingmaschine der Social Media:

Die Influencerfalle

Wer kennt sie nicht, die schönen Photos vor glitzernden Wolkenkratzern und Beachclubs eingerahmt von Fahrzeugen der sportlichen Luxusklasse. Es wird suggeriert, dass dies der Lifestyle der Erfolgreichen sei. Diese zeigen sich in

---

[177] So war es in Deutschland bis in die 90er Jahre hinein durchaus nur ein Kavaliersdelikt mit wenigen Konsequenzen.

Luxusmarken gekleidet oder mit den vermeintlichen Utensilien des Erfolgs.

Und natürlich zahlen die alle keine Steuern, so behaupten sie. Somit läuft der unbedarfte Nutzer von Social Media schon in die Falle. Er denkt, dass es so sein müsste.

Er macht sich auf die Suche im Internet und findet zahlreiche Angebote und vermeintliche Auskunftsseiten. Hauptsächlich geprägt von Digital Nomads, die eben den um die Welt wandernden Lebensstil zelebrieren. Überall sind die Steuern so niedrig und er sei doch eigentlich doof, dass er noch im trüben Mitteleuropa sitze.

Die Erfahrung zeigt es: das Internet gibt vertrauenswürdige und aktuelle Quellen preis sowie das Gegenteil. Zu oft kommen die Seiten nicht mit der tatsächlichen Entwicklung hinterher, wichtige Details finden sich manchmal nur im Kleingedruckten.

Daran schließen sich dann LegalTech Firmen mit ihren Services an: befreien Sie sich in vier Wochen von allen

Steuern![178] Die Rahmenbedingungen werden klar gesteckt und im innerhalb von sieben Tagen sind Sie Eigentümer einer ausländischen Kapitalgesellschaft und können Auswandern.

Die anfänglichen Kosten für die Steuerfreiheit scheinen marginal. Das Jahresabo auf dem Weg in die Freiheit kostet mindestens 2.500,00 USD. Die Folgekosten auf Seiten des Kunden sind unbekannt. Da Sie ja diese Leistungen als Erwachsener kaufen, im Vertrauen auf die Versprechungen, findet eine individuelle Prüfung des Kundensachverhalts natürlich nicht statt.

Ob Sie überhaupt ein funktionierendes Geschäftsmodell haben interessiert nicht. Damit bleibt die Glitzerwelt in weiter Ferne, genauso wie der wirtschaftliche Erfolg, der nie von der Struktur her kommen kann. Machen Sie nicht den zweiten Schritt vor dem Ersten.

Mit der Karotte der Steuerfreiheit wird hier über Social Media eine Briefkastenfirma verkauft, die nur unter

---

[178] Z. B. https://taxhackers.io/ (Stand 09.02.2025).

bestimmen Voraussetzungen funktionieren kann. Ob sie das auch in Ihrem Fall schafft, das steht auf einem ganz anderen Blatt.

In einem ähnlichen Zusammenhang sind die Entscheidungen im Urlaub zu betrachten: man sieht nur das Schöne und möchte daran für immer Festhalten. Der Immobilienhändler freut sich, Ihnen das passende Objekt zu verkaufen. Ohne Planung und Beratung haben Sie die späteren Folgen zu tragen. Vor diesen Spontankäufen sollte man sich immer fern halten.

Briefkastenfirmen

Egal, was Ihnen erzählt wird: eine Firma ohne Substanz kann steuerlich in Deutschland oder auch in anderen EU-Staaten keine Wirkung in der gewünschten Form haben.

Der Grundsatz „Substance over Form[179]" prägt mittlerweile das gesamte Steuerrecht.

---

[179] https://en.wikipedia.org/wiki/Substance_over_form (Stand 04.02.2025).

Möchten Sie steuerlich etwas erreichen, so muss Ihre Fima über ein eingerichtetes funktionales eigenes Büro und am besten auch über angestelltes Personal verfügen, um entsprechend anerkannt zu werden.

Briefkastenfirmen zeichnen sich dadurch aus, dass in der Tat nur ein Briefkasten an der Adresse vorhanden ist, aber ansonsten keinerlei Einrichtung vor Ort zu finden ist, die auch nur annähernd einen Geschäftsbetrieb darstellen könnte. Durch einen Abgleich von Registerdaten können Sie zum Beispiel recht einfach vom PC her feststellen, ob an der angegebenen Anschrift eine oder hunderte Firmen registriert sind. In letzterem Falle ist das Indiz stark, dass es sich um eine Briefkastenfirma handelt.

Daneben kann ja auch Ihre Aktivität überprüft werden: wie oft reisen Sie ins Büro, wie oft sind Sie dort vor Ort, können Sie auf Sie lautende Stromrechnungen vorlegen, usw.

Die Recherchemöglichkeiten sind mittlerweile entsprechend groß, die Reisebereitschaft zum Überprüfen ebenfalls. Nachschauen kann jeder.

Wohnsitz

Es wurde bereits mehrfach thematisiert. Haben Sie in Deutschland einen Wohnsitz, das bedeutet, dass Sie über eine Wohnung frei verfügen können und einen Schlüssel dazu besitzen, so sind Sie in Deutschland unabhängig von Ihrer Anwesenheitsdauer einkommenssteuerpflichtig. In diesem Zusammenhang kommt es auf die berühmten 183 Tage nicht an. Im Zweifel muss ein DBA heran gezogen werden, um Ihre Steuerpflicht zu regeln.

Bei der Wohnung muss es eben auch nicht eine sein, die auf Ihren Namen gemietet oder gekauft wurde. Es reicht hier die faktische Verfügungsmacht aus.

Letztendlich – auch bei einer Anwendbarkeit von DBA – verfügen Sie über eine Wohnung, dann haben Sie einen Wohnsitz und müssen sich auch entsprechend steuerlich erklären.

Gewöhnlicher Aufenthalt

Beim gewöhnlichen Aufenthalt in Deutschland kommt ihr Verhalten im Wesentlichen zum Tragen. Und vor allem gibt es eine Vermutung für einen solchen Aufenthalt in Deutschland, wenn Sie mehr als 183 Tage in Deutschland sind.

Die Annahme des gewöhnlichen Aufenthalts führt ebenfalls zur Annahme der unbeschränkten Steuerpflicht in Deutschland.

Die Annahme kann natürlich widerlegt werden.

Aber auch weniger Tage können ausreichen, wenn sich Anhaltspunkte dafür ergeben, z.B. durch einen Lebensgefährten o.ä. [180]

Abmeldung bei der Gemeinde

Die ordnungspolizeilichen Meldevorschriften spielen absolut keine Rolle für die Steuerpflichten.

---

[180] Siehe auch Seite 43ff.

Bei einer Anmeldung können Sie ein Indiz sein, aber sicher nicht bei der Abmeldung.

Abschlussbevollmächtigter

Sie sind als Unternehmer in Dubai tätig und ansässig. Zur Verbesserung Ihres Vertriebs stellen Sie einen Verkaufsdirektor für Deutschland ein. Er wohnt und arbeitet in Deutschland. Er erhält von Ihnen die Berechtigung, Ihre Produkte zu vertreiben und schließt mit Ihrer Vollmacht Verträge mit Ihren Kunden ab. Er besitzt außerdem zur Vereinfachung des Vertriebes die Möglichkeit über die Konditionen selbst und ohne Rücksprache in gewissen Bandbreiten zu verhandeln.

Damit wird dieser Verkaufsdirektor für Ihren Vertrieb in Deutschland zu einem Vertreter Ihres Unternehmens im Sinne von § 13 AO und damit zu einem steuerlichen Anknüpfungspunkt.

In der Folge können die über ihn für Sie vermittelten Geschäfte und damit in Verbindung stehenden Erträge in Deutschland steuerpflichtig werden.

Auffallen können diese Sachverhalte im Rahmen einer Betriebsprüfung oder durch Kontrollmeldungen im Verhältnis zum Vertriebsdirektor bzw. bei Ihren Kunden.

Die Strukturierung der grenzüberschreitenden Vertriebstätigkeit unter Zuhilfenahme von fachlichem Rat ist absolut zu empfehlen, um unerwartete Überraschungen zu vermeiden. Denn in diesen Fällen ist eine rechtliche Struktur für den Vertrieb oft sinnvoller als eine Vertreterlösung. Die Struktur können Sie selbst gestalten, dem Vertreter müssen Sie nicht mehr als nur vertrauen.

Betriebsstätte

Unterhält Ihre Firma eine feste Einrichtung in einem anderen Land, so wird sie nach einer bestimmten Zeit dort eine Betriebsstätte unterhalten, die zu einer steuerlichen Anknüpfung in diesem Land führen wird.[181]

Eine Bauhütte oder ein temporär angemietetes Büro kann hierzu bereits ausreichen.

---

[181] § 12 AO.

Nach der deutschen Abgabenordnung ist dies in der Regel nach mehr als sechs Monaten der Fall.

Zu beachten ist dabei, dass einige DBA-Sonderregelungen für Betriebsstätten beinhalten. Danach werden die im nationalstaatlichen Recht durch die bilateralen Verträge eventuell außer Kraft gesetzt indem die Fristen für die Begründung verkürzt oder verlängert werden.

So werden Baustellen nach dem DBA Deutschland-Spanien erst nach zwölf Monaten als Betriebsstätte eingeordnet.[182] Die DBA zu verschiedenen anderen Ländern sehen unterschiedliche Regelungen in diesem Zusammenhang vor.

Sitz der Geschäftsleitung

Fünf Mitglieder Ihrer Familie haben eine Gesellschaft in Luxemburg gegründet, Sie halten selbst 20% an der

---

[182] Artikel 5 DBA Deutschland-Spanien vom 03.02.2011.

Gesellschaft und sind neben zwei örtlichen Direktoren aus Luxemburg ein weiterer Geschäftsführer.

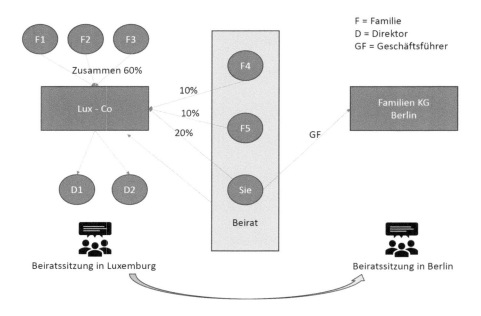

Abbildung 25 - Sitz der faktischen Geschäftsleitung, Quelle: eigene, Grafik: eigene

Persönlich sind Sie in Berlin wohnhaft und leiten dort noch den Familienbetrieb. Die Luxemburger Gesellschaft kauft und verkauft Immobilien, die sie langfristig vermietet.

In der Gesellschaft sind immer zwei Direktoren gemeinschaftlich zeichnungsberechtigt. Sie müssen also nicht für jede Entscheidung der Geschäftsleitung nach Luxemburg reisen.

Da die beiden Luxemburger Geschäftsführer Fremdgeschäftsführer sind, haben Sie in deren Anstellungsverträgen recht enge Handlungsvollmachten vorgesehen. Somit muss der Beirat der Gesellschaft - bestehend aus Ihnen und zwei weiteren Gesellschaftern - in vierteljährlichen Sitzungen über die Immobilientransaktionen und die langfristig abzuschließenden Mietverträge entscheiden.

Anfangs haben Sie und Ihre Mitgesellschafter die Reisen nach Luxemburg gemocht. Mit der Corona-Pandemie wurden Video-Calls zum Standard und danach haben Sie es vorgezogen, dass Ihre Geschäftsführer aus Luxemburg in den Familienbetrieb nach Berlin reisten, um die wesentlichen Entscheidungen „absegnen" zu lassen.

Spätestens mit dieser letzten Entwicklung haben Sie die wesentlichen Entscheidungen in Deutschland getroffen.

Damit haben Sie den Sitz der geschäftlichen Oberleitung nach Deutschland gezogen.[183]

In der Konsequenz werden damit die Geschäftstätigkeiten der Gesellschaft möglicherweise in Deutschland steuerpflichtig.

Natürlich kann ein DBA zwischen den betroffenen Ländern hierzu Erleichterung bieten.

Der Kampf um das Steuersubstrat wird dazu führen, dass Sie sich mit zwei Steuerbehörden auseinander setzen müssen und am Ende wird es auf Nachweise ankommen, die die eine oder andere Behauptung oder Einordnung der Behörden stichhaltig widerlegen.

In diesen Konstellationen ist es absolut ratsam, dass Sie sich für solche Sitzungen immer an das Protokoll halten, das Ihnen die jeweilige Struktur aufgibt.

---

[183] § 10 AO.

Sie müssen das bei der Planung Ihrer Aktivitäten berücksichtigen und auch in Zukunft akzeptieren. Über die Zeit darf sich da keine Bequemlichkeit einschleichen.

Die Reisekosten an den Sitz des Unternehmens sollten nicht pauschal abgerechnet werden, sie sollten alle Belege mindestens in der Buchhaltung haben, damit Sie die Reisen an den Geschäftssitz belegen können.

Die Dokumentation Ihrer Anwesenheit wird damit auch Bestandteil einer robusten Argumentation, die nur schwer widerlegbar wird. In diesem Zusammenhang sollten Sie auch die Abstimmung mit Ihren Beiratskollegen nur am Sitz des Unternehmens vornehmen. Vorabinformationen zwecks Vorbereitung können Ihnen natürlich an Ihren Wohnsitz oder Betrieb in Deutschland geschickt werden.

Sitzungen mit den Beiratsmitgliedern im Vorfeld – sozusagen beim Abendessen zuhause - sollten Sie genauso vermeiden, um weitere Argumente für einen Sitz der Oberleitung im Inland zu vermeiden.

Schleichender Wegzug

Der Mensch ist ein Gewohnheitstier. Über die Jahre können sich Gewohnheiten einschleichen, die sich steuerlich nachteilig auswirken.

Als Geschäftsführer einer in Deutschland ansässigen GmbH haben Sie unternehmerisch sehr viel Erfolg, nach einigen Finanzierungsrunden halten Sie heute noch 25% an dieser Gesellschaft. Sie leisten sich für den Ausgleich zu Ihrem Geschäftsalltag seit 2005 eine Finca auf Mallorca. In der ersten Zeit nutzen Sie diese Finca drei bis vier Mal im Jahr. Sie reisen mit Ihrer ganzen Familie nach Spanien und verbringen Ihre Urlaube da.

Mittlerweile sind Ihre Kinder aus dem Haus, Sie können freier planen. Ihre Frau bleibt viel lieber in der Sonne. Sie reisen zuerst nur während insgesamt fünf Monaten im Jahr wöchentlich nach Mallorca, um jeweils von Montag bis Freitag im Unternehmen in Deutschland zu arbeiten.

Dann kam die Corona-Pandemie und nach einem ersten längeren Aufenthalt in Deutschland zu Beginn der Pandemie verbrachten Sie aufgrund der zunächst schlechteren Anbindung immer mehr Zeit auf Mallorca.

In der Folge reisen Sie jetzt ganzjährig am Montag Morgen von Mallorca nach Deutschland und schon am Donnerstag zurück.

„Offsites" der Geschäftsleitung für Strategiesitzungen etc. werden auf Mallorca an verlängerten Wochenenden mit dem oberen Management abgehalten.

Die Geschäftsleitungskollegen reisen dafür gerne nach Mallorca. Ihr Haus in der Nähe Ihres Betriebes behalten Sie bei.

In der Analyse der oben beschriebenen Situation kommen verschiedene Themata zum Tragen:

Privat

Über die Zeit hinweg haben Sie Ihren persönlichen Lebensmittelpunkt von Deutschland nach Spanien verschoben – dies geschah unbemerkt, es gab keinen Umzugstermin oder eine ähnliche Zäsur.

Damit haben Sie auch Ihre persönliche Steuerpflicht auf zwei Staaten ausgedehnt.

Auch wenn Sie weiterhin Ihre Einkommenssteuern in Deutschland erklären und alle Einkünfte korrekt angeben, so bedeutet das nicht, dass dies alles so richtig sein muss. Ihr Lebensmittelpunkt dürfte sich auch nach dem DBA Deutschland-Spanien auf Mallorca befinden. Damit müssen Sie auch Ihre Einkommen- und Vermögenssteuern in Spanien erklären.

Mit der Verlagerung des Lebensmittelpunktes haben Sie in diesem Sachverhalt einen Tatbestand des steuerlich relevanten Wegzuges ausgelöst.

Damit kann Ihre Beteiligung an der GmbH einer Wegzugsbesteuerung nach dem Außensteuergesetz unterworfen werden. Eine Besteuerung, ohne dass es tatsächlich einen Gewinnrealisierungstatbestand gab, kann Ihnen drohen. Die Liquidität dafür müssen Sie aber vorhalten. Streitpunkt kann dann sogar der Zeitpunkt des Wegzuges sein, dies kann besonders entscheidend werden, wenn Ihre Firma über den fraglichen Zeitraum stark im Wert gestiegen oder gefallen ist.

Geschäftlich

Eine Verlegung des Sitzes der Geschäftsleitung (siehe oben) könnte auch noch in Frage kommen, wenn wesentliche Entscheidungen der Geschäftsleitung nicht mehr in Deutschland, sondern in Spanien getroffen werden.

Dadurch könnte sich auch der steuerlich relevante Tatbestand der Realisierung oder Auflösung von stillen Reserven der Gesellschaft erfüllen. Die Probleme mit Ihren Mitgesellschaftern sind damit sicher programmiert. Ferner könnte auch der spanische Fiskus seinen Anteil an den Ergebnissen des Unternehmens einfordern.

Soweit Sie sozialversicherungspflichtig im Unternehmen beschäftigt sind, könnte sich auch noch die Zuständigkeit der Sozialversicherung von Deutschland nach Spanien verschoben haben.

Dieser lebensnahe Sachverhalt verdeutlicht die Gratwanderung zwischen „Glück und Unglück", wenn man das so beschreiben kann. Die Regularisierung des Ganzen mit zwei involvierten Staaten usw. wird erfahrungsgemäß langwierig, nervenaufreibend und kostspielig sein.

Schleichender Zuzug

Aus dem gleichen Beispiel wie beim schleichenden Wegzug ergeben sich die Themata aus Sicht der spanischen Steuerbehörden. Über die Zeit hinweg sind Sie mehr oder weniger unbemerkt in Spanien steuerpflichtig geworden, weil Sie Ihren Lebensmittelpunkt dorthin verlagert haben.

Privat müssen Sie Vermögenssteuern erklären, die sich nicht nur auf Ihre Finca beziehen, das globale Vermögen kann in Spanien neben dem globalen Einkommen zu versteuern sein.

Soweit Ihre Vermögensanlagen in Deutschland gehalten wurden, dürfte Ihr Vermögensverwalter sich eher am Deutschen als am spanischen Steuerrecht ausgerichtet ob, wenn es um die Optimierung oder Nutzung von Anlagen ging. Hier öffnet sich dann das nächste Desaster, die Aufarbeitung der Einkünfte aus spanischer Sicht der Besteuerung.

Soweit Spanien das Institut der faktischen Geschäftsleitung ungeachtet der statuarischen Regelungen kennt, wird Ihre Gesellschaft möglicherweise auch noch in Spanien steuerpflichtig.

Nicht zuletzt darf nicht vergessen werden, dass Sie Ihre bisherige Beteiligungsstruktur oder unternehmerische Tätigkeit nach deutschem Recht ausgerichtet haben. Damit müssen Sie auch dieses setup überprüfen und vielleicht neu ausrichten.

Beispiel: Ein deutsches Ehepaar war lange Zeit in Österreich ansässig. Dort hat man eine Familienstiftung (Privatstiftung) eingerichtet. Diese hat das Vermögen verwaltet. Zuwendungen der Stiftung an die Begünstigten wurden entsprechend mit 25% pauschal besteuert. Zieht dieses Ehepaar nach Spanien, so wird das Institut der Stiftung von Spanien eventuell nicht anerkannt und die Zuwendungen ebenso mit dem persönlichen Einkommenssteuersatz besteuert.

Hier zeigt sich, welchen lock-in Effekt steuerliche Gestaltungen haben können und zu welchem Nachteil sie führen können.

Home Office

Das Home-Office ist heute trotz kontroverser Diskussionen aus der Arbeitswelt nicht mehr wegzudenken. Remote oder Workation sind die neuen Schlagworte. Mobilität, globale Erreichbarkeit und hohe Internetverfügbarkeit erlauben eine ungeahnte Standortunabhängigkeit für verschiedene Tätigkeiten. Man muss nicht mehr am Ort des Arbeitgebers wohnen oder dorthin ziehen. Damit eröffnen sich für Arbeitnehmer, aber auch für Unternehmer zahlreiche Möglichkeiten.

Programmierer oder andere Arbeitnehmer müssen nicht mehr täglich im Büro sein, um ihren Aufgaben nachgehen zu können. Personalmangel an einem Ort kann durch Angebote vom anderen Ende der Welt ausgeglichen werden, ohne Visumsformalien und Arbeitserlaubnissen.

Bei Selbständigen sind die Regelungen für Unternehmer maßgeblich und diese machen sich eher Gedanken über ihr eigenes Setup und ihre Aktivitäten.

In diesem Abschnitt sind die angestellten Mitarbeiter im Fokus. Mit der Lockerung der Anwesenheitspflichten im Büro ermöglichen sich auch für diese Personengruppen plötzlich ganz neue Möglichkeiten.

Theoretisch kann die Tätigkeit für den Arbeitgeber statt im Home-Office in Deutschland auf der ganzen Welt erbracht werden. Die Ferienwohnung der Familie im Ausland kann viel länger genutzt werden. Endlich kann der Pool jeden Tag seinen Zweck erfüllen usw. Diese Bilder werden Sie auch im Kopf haben, vielleicht sogar mit ein wenig Neid.

Während der Corona-Pandemie gab es zahlreiche Sonderregelungen bezüglich der Tätigkeit im Home-Office in grenzüberschreitenden Fällen. Diese sind durchgängig im Jahr 2023 wieder aufgehoben und die normalen Regeln gelten seitdem wieder, obwohl es einige Zusatz-entwicklungen gibt.

Aus unternehmerischer Sicht kann das Home-Office im Ausland ein Alptraum werden, steuerlich und sozialversicherungsrechtlich. Aber auch für den

Arbeitnehmer ist es wichtig, die mit dem Home-Office verbundenen Risiken zu kennen.

Klassisch geht das Sozialversicherungsrecht davon aus, dass man als Arbeitnehmer seine Leistungen am Sitz des Arbeitgebers erbringt.

Genauso sieht es auch steuerlich aus, es herrscht das traditionelle Bild des Arbeitnehmers vor.

Von der Möglichkeit, tausende Kilometer entfernt zu arbeiten, konnten die Gesetzgeber in der Vergangenheit noch gar nichts wissen, bzw. waren dies so absonderliche Ausnahmen, dass sie kaum ins Gewicht fielen.

Steuern

Vor allem mit dem Blick auf die Lohnsteuer muss man aufpassen. Der Arbeitgeber wird Ihnen die deutsche Lohnsteuer erst einmal bei der Gehaltszahlung abziehen (Bei einer ursprünglichen Beschäftigung in einem anderen Land natürlich nach den dortigen Regeln.).

Ihr Anstellungsverhältnis besteht in Deutschland. Und der Arbeitgeber ist bei unbeschränkt und beschränkt steuerpflichtigen Arbeitnehmern verpflichtet, die Lohnsteuer an der Quelle einzubehalten und abzuführen. Dies ist Ihre Vorauszahlung auf die Einkommenssteuer.

Sollte also Ihr steuerlicher Lebensmittelpunkt am Ort des Home-Office im Ausland sein, liegt es nahe, dass Sie nach dieser traditionellen Sichtweise zunächst steuerliche Abzüge auf Ihr Gehalt nach deutschem Recht erfahren und Ihr deutscher Arbeitgeber diese abführt.

In den Fällen, in denen Sie auch am Ort des Home-Office-Standorts tatsächlich steuerpflichtig sind oder werden, kann Ihnen hier zunächst eine doppelte Besteuerung und ein Liquiditätsnachteil bis zur richtigen Veranlagung durch die zuständigen Steuerbehörden drohen. Denn Sie müssen auch am Sitz des Home-Office Ihre Steuern erklären und abführen.

Von daher ist es ratsam, sich mit Ihrem Arbeitgeber genau abzustimmen, wie es steuerlich mit Ihrem Home-Office aussieht. Nur so lassen sich unliebsame Überraschungen vermeiden.

Werden Sie im Laufe des Jahres zu einem aus deutscher Sicht beschränkt steuerpflichtigen Arbeitnehmer - wegen des Aufenthalts im Ausland - und Sie teilen das nicht rechtzeitig mit, so kann das Finanzamt die möglicherweise höheren Abzüge für beschränkt Steuerpflichtige direkt von Ihnen verlangen.

Sodann muss auch mit Ihrem Arbeitgeber geklärt werden, ob Sie durch Ihr Verhalten nicht eine Betriebsstätte des Arbeitgebers im Ausland begründen.

Das würde dann gegebenenfalls zu einer unerwünschten Steuerpflicht des Arbeitgebers im Ausland führen können.

Damit wird es nachvollziehbar, dass nicht jeder Arbeitgeber bei dem Gedanken „Home-Office am Meer im Süden" anfängt zu jubeln.

Ein vom Arbeitnehmer gesteuertes „Outsourcing" der Tätigkeit ins Ausland ist nicht gewünscht und auch aus Sicht des Unternehmens nicht anzuraten, selbst wenn vielleicht die Sozialversicherungsbeiträge niedriger wären.

Sozialversicherungsrecht

Hier kommen wir in EU-Fällen zum Amtsdeutsch mit dem Begriff der grenzüberschreitenden Telearbeit[184], die auch über fachliche Richtlinien der EU reguliert wird[185]. Diese Tätigkeit ist in der EU grundsätzlich dort sozialversicherungspflichtig wo der Arbeitnehmer sein Laptop aufschlägt.

Es gibt aber Ausnahmeregelungen. Handelt es sich bei dem Arbeitnehmer um einen Grenzgänger, d.h. pendelt er zwischen Wohnort im Ausland und dem Sitz seines Arbeitgebers hin und her, so wird er nur im Wohnortstaat

---

[184] Merkblatt des Bundesministeriums für Arbeit und Soziales: https://www.bmas.de/SharedDocs/Downloads/DE/Internationales/info-home-office-grenzgaenger.pdf?__blob=publicationFile&v=12 vom 28.08.2024 (Stand 15.01.2025).
[185] VO (EG) Nr. 883/2004 und 987/2009 .

sozialversicherungspflichtig, wenn er dort mehr als 25% seiner Tätigkeit erbringt.

Seit dem 01.07.2023 ist auf Antrag auch ein Home-Office bis zu 50% der Tätigkeit möglich, ohne dass die Sozialversicherungspflicht dem Wohnsitzstaat zugewiesen wird.[186]

Hier wird von einer regelmäßigen Tätigkeit ausgegangen und nicht von einem Sonderfall. Zur Absicherung des anwendbaren Statuts ist eine A1-Bescheinigung zu beantragen.

Bei einer unregelmäßigen Tätigkeit im Ausland – also Workation oder Arbeit auf der Reise – wird weiterhin davon ausgegangen, dass die Sozialversicherungspflicht im Arbeitgeberstaat liegt.[187]

---

[186] https://www.dvka.de/de/arbeitgeber_arbeitnehmer/antraege_finden/abschluss_ausnahmevereinbarung/abschluss_ausnahmevereinbarung.html (Stand 15.01.2025).

[187] Art. 12 Abs. 1 VO (EG) Nr. 883/2004 ; Informativ https://www.dvka.de/de/arbeitgeber_arbeitnehmer/faq_1/faq_1.html (Stand 15.01.2024).

Hier wird auf den Entsendungstatbestand abgestellt und es ist in jedem Fall zu empfehlen, dass eine A1-Bescheinigung über den Bestand der Sozialversicherungspflicht am Ort des Arbeitgebers mitgeführt wird.

Mit dem Vorstehenden sehen Sie schon, wie komplex die Situation ist.

Arbeiten Sie also dauerhaft oder mehr als 50% von Ihrer Wohnung auf Mallorca für einen Deutschen Arbeitgeber, so werden Sie in Spanien sozialversicherungspflichtig.

Werden Sie entdeckt, so können empfindliche Strafen und Nachzahlungen drohen, Ihnen und auch Ihrem Arbeitgeber. Diese Grenzen gelten in der Regel innerhalb der EU und der Schweiz (!), die sich hier über Abkommen mit der EU geeinigt hat.

Ohne Antrag können Sie das einen Arbeitstag pro Woche ohne weitere Konsequenzen machen. Für bis zu 2 ½ Tage Tätigkeit braucht es einen gesonderten Antrag, an dem auch Ihr Arbeitgeber mitwirken muss.

Darüber hinaus gibt es keine Entschuldigung mehr. Bei großen Arbeitgebern ist das kein Thema, die Personalabteilung wird die entsprechenden Maßnahmen ergreifen.

Problematisch ist das im Betrieb beschäftigte Familienmitglied, das gerne länger im Ausland bleiben will. Die Komplexität wird meist großzügig ignoriert –aus Unkenntnis oder bewusst.

Die Konsequenzen können je nach betroffenem Staat empfindlich sein, denn das Verhalten liegt schon lange nicht mehr in einer Grauzone.

Sollten Sie in einem nicht EU-Land entsprechend der vorbeschriebenen Form arbeiten, so haben Sie kein schützendes Abkommen, d.h. Sie müssen sich von Anfang an selbst um die sozialversicherungsrechtlichen Fragen vor Ort kümmern.

Aus Arbeitgebersicht ist es weitgehend unerwünscht, Abgaben in ein anderes Land zu zahlen (im Falle der Dauer der Aktivität von mehr als 50% im Ausland), weil es die Komplexität der Personalverwaltung unglaublich erhöht.[188] Damit sind in der Regel längere Workations im Ausland nicht möglich.

Bei der Beschäftigung von Selbständigen wird das Problem auf den Selbständigen verlagert – in der Regel sind dann die Interessen gleich gerichtet.

Feste Strukturen

So schön feste Strukturen durch Gesellschaften auch sind, sie können gleichzeitig Fluch und Segen sein.[189]

Wenn Sie als Selbständiger Remote arbeiten, dann dürfte es so sein, dass Sie gerne verschiedene Standorte ausprobieren möchten. So arbeiten Sie abwechselnd in Bali, Thailand, Malta und Portugal und reisen sonst noch viel um die Welt. Für Ihre Tätigkeit haben Sie eine englische Ltd. gegründet

---

[188] Das Vorhalten der Sozialversicherungsechtlichen Regeln in Deutschland ist schon komplex genug, nicht ohne Grund gibt es Personalabteilungen oder Personalbüros, die sich mit nichts anderem beschäftigen. Diesen Umfang (und vielleicht noch viel mehr) müssen Sie dann für jedes andere Land vorhalten, in denen Ihre Mitarbeiter tätig sein wollen.
[189] Siehe oben im Stiftungsfall Seite 252.

und rechnen darüber Ihre Aufträge ab. Damit haben Sie sich strukturell auch schon ein wenig fest gelegt. Alle Aufträge werden mit Ihren Auftraggebern an diese Gesellschaft abgerechnet. Sie sind auch der Inhaber dieser Gesellschaft; dann müssen Sie sich auch um die Formalitäten kümmern. Zahlen Sie sich ein Gehalt oder Dividenden, entsprechend müssen Sie auch die administrativen Erfordernisse erfüllen.

Nicht zuletzt kann die Beteiligung an einer Gesellschaft auch bei einem Zu- und Wegzug in ein Land einer Besteuerung unterliegen. Ihre Mobilität schränkt Sie dann ein.

Ohne eine Struktur[190] hängt vieles nur an Ihrer Person, auch Ihre Selbständigkeit. Sie bestimmen durch die Wohnsitzwahl die auf Sie anwendbaren Steuern usw.

Am Ende ist dann noch zu hinterfragen, ob die Kosten der Struktur zu Ihrem Unternehmen/ Aktivität passen. Eine komplexe Struktur kostet viel Geld im Unterhalt. Berater, Buchhalter, Steuerberater, Wirtschaftsprüfer usw. müssen

---

[190] Gemeint ist hier eine gesellschaftsrechtliche Konstruktion in Form einer Kapitalgesellschaft o.ä. .

bezahlt werden. In Deutschland kann man davon ausgehen, dass die realen Basiskosten für den Unterhalt einer GmbH jährlich zwischen 7.000 und 10.000 EUR liegen[191], ganz zu schweigen von den Formalien etc. Setzen Sie also keine komplexen internationalen Strukturen auf, wenn Sie kostensensitiv sind oder fraglich ist, ob die Folgekosten erwirtschaftet werden.

Der Segen einer Struktur kann aber auch darin bestehen, dass eine solche Struktur verhindert, dass Sie in Grauzonen geraten und erst einmal viele Korrespondenzen führen müssen, um eine negative Konsequenz zu verhindern.

Es bestehen in diesem Fall klare Anknüpfungspunkte. So wird die wirtschaftliche Aktivität Ihrer Gesellschaft zugeordnet, die Frage einer Scheinselbständigkeit o.ä. gibt es dann nicht bzw. es braucht viel mehr Argumente die

---

[191] Stellen Sie sich den Fall vor, wenn Sie für Ihre Struktur 1.000 Gesellschaften leisten, dann sind die Basiskosten dafür bereits mit mindestens 10 Mio. EUR zu beziffern. (Wer hat schon 1.000 Gesellschaften? Siehe hier https://www.falter.at/zeitung/20241105/der-konkurs-koennte-endlich-klarheit-bringen (Stand 04.02.2025)).

bestehende Struktur zu erschüttern, wenn sie auch entsprechend gelebt wird. Für Sie kann das mehr Sicherheit im täglichen Leben bedeuten.

Verdeckte Gewinnausschüttung - Beispiel Ferienimmobilie im Ausland

Bei dem Begriff mögen Sie zögern, weil sich die Begrifflichkeit nicht gleich erschließt. Aber viele Steuersysteme kennen dieses Institut. Es findet sich in unterschiedlicher Ausprägung - in unterschiedlichen Lebenssachverhalten.

Man kann es in etwa so beschreiben: immer dann wenn Sie eine Leistung „umsonst" erhalten, für die andere Geld bezahlen müssen, dann liegt eine verdeckte Gewinnausschüttung im Bereich des Möglichen.

Erhalten Sie die Leistung nicht von einem von Ihnen beherrschten oder mit Ihnen verbundenen/ nahestehenden Unternehmen, dann handelt es sich wahrscheinlich um eine Schenkung (die ebenfalls steuerpflichtig sein kann) oder um eine steuerpflichtige geldwerte Leistung (z.B. durch die

Einladung eines Geschäftspartners Ihres Arbeitgebers zu einem Event dessen Kosten für Ihre Teilnahme über dem jeweiligen Freibetrag liegt.).[192]

Sind Sie Gesellschafter einer Kapitalgesellschaft so sieht es ein wenig anders aus. Hier erfolgt die Zuwendung aufgrund der Gesellschafterfunktion die Sie selbst ausgestalten können.

Das einfachste Beispiel, das aufgrund der Allgegenwärtigkeit entsprechend geregelt wurde, ist die Versteuerung des privaten Vorteils aufgrund eines gestellten Dienstwagens. Hier wird die gewährte Leistung mit einem Prozentsatz des Listenneupreises Ihnen als Einkommen oder Ausschüttung zugerechnet und Sie müssen den Vorteil versteuern.

Schwieriger wird es z.B. in folgendem Fall des täglichen Lebens:

---

[192] Aufgrund der Steuerpflicht von Zuwendungen durch Dritte, die im Rahmen eines Beschäftigungsverhältnisses erfolgen, sind zum Beispiel Einladungen zu Sportevents oder teuren Veranstaltungen seltener geworden, weil der Aufwand insgesamt größer wird und Meldepflichten ausgelöst werden (§ 37b EStG etc.).

Der Gesellschaftergeschäftsführer der A GmbH arbeitet jeden Tag in der Diskothek „Wonderland". Jeden Abend zapft er sich zum Dienstschluss noch ein Bier. Dieses Bier kostet im Verkauf 3,50 EUR. Bei unterstellten 250 Arbeitstagen im Jahr kommen hier 875,00 EUR zusammen[193]. Der Unternehmer boniert diese zahlreichen Biere nicht. Der Anstellungsvertrag erlaubt es ihm nicht, sich in der Diskothek kostenlos zu verpflegen.

Er verstößt damit einerseits gegen den Arbeitsvertrag, aber auch andererseits mindert er den möglichen Gewinn der A GmbH, weil das von ihm konsumierte Bier nicht verkauft werden kann. Ob es sich dabei um einen relevanten Untreuetatbestand handelt, kann dahin gestellt bleiben. Steuerlich sieht es aber so aus:

---

[193] Theoretisch kann auch im Rahmen einer Betriebsprüfung durch das Finanzamt festgestellt worden sein, dass der Schwund bei den Vorräten über dem üblichen Maß in vergleichbaren Fällen liegt. So wird diese Differenz Ihnen als zugeflossen angenommen, was ebenfalls zu einer verdeckten Gewinnausschüttung führt.

Dem Gesellschaftergeschäftsführer sind damit Vorteile in Höhe von 875,00 EUR zugeflossen. Diese werden ihm als steuerpflichtiger Kapitalertrag zugewendet und sind zu versteuern. Auf Ebene der Gesellschaft ist dann auch noch eine Gewinn- und Umsatzsteuerverkürzung zu sehen, denn die gezapften Biere wurden ja auch nicht boniert und damit nicht in der Gewinnermittlung in der Buchhaltung berücksichtigt. In der Folge wird dieser Betrag dem Gewinn hinzugerechnet, was Gewerbe- und Körperschaftssteuer auslöst, neben der Umsatzsteuerpflicht des Umsatzes.

Es handelt sich um die Verschiebung eines Vermögenswertes zwischen einer Körperschaft und einem Anteilseigner.[194]

Und hier kommen wir zum wesentlichen, für Sie relevanten Punkt:

Halten Sie eine Ferienimmobilie über eine Ihnen gehörende Kapitalgesellschaft (wobei es gleich ist, ob diese Kapitalgesellschaft in Deutschland oder im Ausland

---

[194] § 8 Abs. III KStG.

eingetragen ist) so stellt die unentgeltliche Nutzung der Immobilie im Rahmen Ihrer Ferien eine verdeckte Gewinnausschüttung dar.

Diese besteht in der geldwerten Höhe wie sie die eine Immobilie gleichen Wertes zu gleicher Zeit auf dem Markt hätten anmieten müssen. Der BFH[195] hat mittlerweile hierfür entsprechende Berechnungsmethoden entwickelt. Diese bewegen sich nicht am unteren Ende der Bewertungsskala.

Obwohl Sie das Kapital für die Immobilie komplett selbst aufgebracht und in die Gesellschaft eingelegt haben, damit diese gekauft werden kann und Sie 100%er Eigentümer der Gesellschaft sind, kommt es durch die Eigennutzung zu fiktiven Kapitalflüssen zwischen der Gesellschaft und dem Eigentümer, weil entsprechend geldwerte Vorteile gewährt werden. Aufgrund der Besitzverhältnisse ist vielen Ferienhausbesitzern diese Konsequenz nicht nachvollziehbar.

---

[195] BFH Urteil v. 12.06.2013 - I R 109-111/10 BStBl 2013 II S. 1024; BFH-Urteil vom 27.7.2016, **I R 8/15**, BStBl 2017 II S. 214.

Im Sitzland der Gesellschaft (Eintrag im Handelsregister) führt dies zu entsprechenden Einkünften aber auch bei Ihnen als Eigentümer der Anteile des Gesellschaft führt das zu einem zu versteuernden Zufluss an Ihrem Wohnsitz.

Sind Sie sich dessen nicht bewusst und erklären das nicht bei der Einkommensteuererklärung, so kann hier über Jahre ein Steuerhinterziehungstatbestand erfüllt werden.

Die Gründe für diese Besitzkonstellation können vielfältig und auch nachvollziehbar sein.

- vereinfachte Transaktionsstruktur im Land der Immobilie
- Vermögenssteueroptimierung im Land der Immobilie
- vereinfachte Nachlassplanung
- ….

Es wäre alles kein Problem, wenn Sie in einem „Null-Steuerland" oder in einem Land wohnen, bei dem Einkünfte aus ausländischen Quellen nicht besteuert werden. In Deutschland ist beides aber nicht der Fall.

Hatten Sie Ihren Wohnsitz zuvor in Großbritannien und waren dort als Res-Non-Dom[196] besteuert, so war diese Konstruktion absolut richtig. Ziehen Sie im Rahmen der Steueränderungen zur Abschaffung der Res-Non-Dom-Besteuerung in Großbritannien nach Deutschland, schon haben Sie ein Problem im Umzugsgepäck, welches Sie schnellstmöglich lösen müssen.

Die Lösung kann entweder in der Umstrukturierung der Besitzgesellschaft liegen, oder Sie zahlen eine Miete für jede Zeit der Nutzung der Immobilie – wenn Sie sich nicht ganzjährig mieten wollen. Die Mieteinkünfte muss natürlich die Gesellschaft versteuern.

Dieses Beispiel zeigt auf, dass vorschnelle Entscheidungen und vermeintlich einfache Lösungen schnell zu Problemen führen können, auch wenn man diese gar nicht im Blick hat.

---

[196] Siehe oben Seite 153ff. und 287.

Verrechnungspreise – Gewinnverlagerung

Die Steuern sind zu hoch! Ein vermeintlich guter Rat, lassen Sie doch die Gewinne im niedrig besteuernden Ausland anfallen!

Dieser Rat kann sehr teuer werden und es kann in dieser Allgemeinheit nur davon abgeraten werden.

Was steht zur Diskussion? Über eine Zwischengesellschaft beliefern Sie Ihre Kunden anstelle des direkten Verkaufs und Sie schöpfen die Gewinne in einem Niedrigsteuerland an.

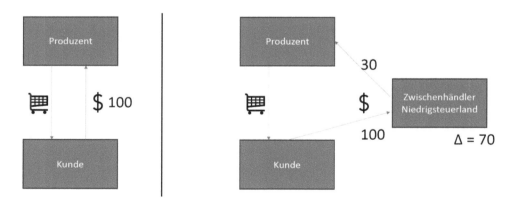

Abbildung 26 – Stark vereinfachte schematische Darstellung der Nutzung einer Zwischengesellschaft; Grafik: eigene

Nach diesem Bespiel in Abbildung 26 würde die Abrechnung über den eigenen Zwischenhändler dem Produzenten nur noch einen Bruchteil des möglichen Umsatzes zufließen lassen, der vielleicht gerade kostendeckend ist. In der Folge würde der steuerbare Gewinn beim Produzenten stark reduziert. Die Zwischengesellschaft erhält dann ohne großen Aufwand die Gewinne, die sonst beim Produzenten angefallen wären.

Beim Zwischenhändler fallen keine oder nur geringe Steuern an, die Steuerlast im Produktionsland fällt mangels Gewinn ebenfalls.

Wenn der Zwischenhändler ohne tatsächlichen Grund dazwischengeschaltet wird, er keine Gründe schafft, dass die Ware im Wert gesteigert wird und auch noch dem Eigentümerkreis des Produzenten zuzurechnen ist, dann werden die bei der Zwischengesellschaft anfallenden Gewinne dem Eigentümer zugerechnet.[197]

---

[197] §§ 7 und 8 AStG.

Obwohl es eindeutig im Gesetz geregelt ist, wird immer wieder auf die eine oder andere Weise versucht, sich die Vorteile daraus zu verschaffen.

Es könnte anders aussehen, wenn Sie ein neues Geschäftsfeld über die Zwischengesellschaft aufbauen und von dort wesentliche, neue Vertriebsleistungen erbracht werden, ein eigener Kundenstamm aufgebaut wird und auch ausreichend Personal für den Geschäftsbetrieb vor Ort vorhanden ist.

Als im Inland Steuerpflichtiger müssen Sie auf Verlangen der Finanzbehörden unter Umständen auch die Geschäftsbücher aus dem Ausland vorlegen, um alles zu belegen.

Damit wird dann die gesamte Struktur auch prüfbar. In diesem Moment kommen die Grundsätze zu Verrechnungspreisen ins Spiel. Verdient Ihre Vertriebsgesellschaft mehr als dies einem unbeteiligten Dritter bei gleichem Sachverhalt zugestanden würde, so wird sehr wahrscheinlich von einer ungerechtfertigten Gewinnverschiebung ausgegangen und Ihnen nur die Kosten im Drittvergleich anerkannt. Mit der Folge der Erhöhung des steuerlichen Ertrags im Inland.

Ob sich unter diesen Gesichtspunkten alles lohnt, muss im Einzelfall entschieden werden.

Schaffen Sie aber komplett neue Produkte an einem anderen Standort ohne Bezug zu dem bereits bestehenden, dann verschieben sich die Perspektiven zu Ihren Gunsten. Es kommt dann nur noch auf die Frage an, wie Sie die Auslandsstruktur halten und wie die Erträge bei Ihnen ankommen und steuerlich bewertet werden.

Die einfachen Lösungen, die Ihnen von manchen Beratern im Ausland vorgeschlagen werden, sind nicht immer die besten für Sie. Diese Berater wollen Ihnen vielleicht nur die Beratung und den Service für eine neue Firma verkaufen.

Die Folgen bei Ihnen zuhause interessiert diese Berater ganz selten.

Das Wichtigste ist, dass Sie Ihre Pläne auch mit qualifizierten Beratern im Vorfeld besprechen. Vor allem müssen sich diese sowohl mit Ihrem Heimatland, als auch mit dem geplanten Standort auskennen. Das schulden Sie nicht nur sich, sondern auch Ihren Mitarbeitern und Ihrer Familie.

Wege zur Unabhängigkeit

Bevor es zum Auswandern selbst kommt, sollte man sich überlegen, ob es nicht andere oder einfachere Wege gibt, die einem die Zeit heute eröffnet.

Die Welt steht jedem offen. Unternehmen können Sie mit der richtigen Geschäftsidee überall aufbauen. Und durch die Rahmenbedingungen, die Ihnen am aktuellen Wohnsitz fehlen, die aber an einem anderen Ort vorhanden sind, können Sie auch ohne Wegzug neue Möglichkeiten erschließen.

Selbst die steuerlichen Aspekte lassen sich adressieren und werden nicht zum zweckbestimmenden Alles. Und vielleicht ziehen Sie später auch an den Ort Ihres neuen Unternehmens, wenn es Ihnen nach ein paar Jahren dort besonders gut gefällt.

Da auch nicht jeder für eine Auswanderung geeignet ist, sollte man, einmal für einen längeren Zeitraum an dem (Wunsch-)Ort leben, um heraus zu finden, ob einem das gefällt.

Wie läuft es mit dem täglichen Leben, der Weg zur Arbeit, die Integration in das Umfeld des Unternehmens und so weiter? Wichtig ist, dass Sie und Ihre Familie den Alltag einmal ausprobieren. Ein Ferienaufenthalt zählt nicht – eine Auswanderung ist kein Urlaub! Mit Air BnB können Sie schnell die Rahmenbedingungen in einer relativ „ungeschminkten" Umgebung mit realen Nachbarn testen.

Ist ein Ehepaar nicht sicher, ob Frankreich oder Italien besser ist, dann probieren Sie doch beides aus, nacheinander für ein paar Wochen.

Sie werden feststellen, dass plötzlich Fragen auftauchen, die Sie gar nicht auf dem Schirm hatten: wollen Sie wirklich jeden Tag am Meer sein können oder ist Ihnen die Stadt mit ihrer Infrastruktur wichtiger? Oder ist der Weg zum nächsten Flughafen/ Meer immer verstopft? Müssen Sie überhaupt immer zur Hauptverkehrszeit fahren? Woher kommen Sie? Leben Sie in der Stadt? Wollen Sie eine zweite Stadtwohnung für das Wochenende? Brauchen Sie die Stadt zum Leben oder ist Ihnen das ruhige Landleben lieber. Usw.

Wie oben dargestellt bietet Europa zahlreiche Möglichkeiten ohne, dass man zunächst alle zusätzlichen Nachteile oder Risiken einer Auswanderung in ein anderes – nicht-europäisches - Land in Kauf nehmen muss. Sie können mit den Ferien starten und das ganze bis zu einer vollständigen Auswanderung ausdehnen – dabei sind Ferien kein Alltag.

Eine vorschnelle Ferienentscheidung ist zu vermeiden.

Die möglichen Fallstricke, die oben beschrieben wurden, sind hier nicht zu vernachlässigen, aber man kann damit umgehen.

Die mit einer Auswanderung verbundenen Möglichkeiten sind bereits überwältigend und bieten neue Chancen für die Zukunft, die Sie nur ergreifen müssen. In welcher Intensität Sie Ihr Vorhaben umsetzen, bleibt Ihnen überlassen.

Wohin gehen?

Jetzt kommen wir zur Gretchenfrage.

Wohin?

Nach allen diesen Informationen scheint es unmöglich, ein Land als den Favoriten für einen Wegzug zu bezeichnen.

Wohin wandern die Deutschen denn am liebsten aus?[198]

Es ist seit Jahren immer noch die Schweiz, wobei es auch eine stattliche Anzahl von „Rückwanderern" gibt. In etwa stehen im Jahr 2024 fünf deutschen Einwanderern zwei deutsche Auswanderer gegenüber.[199]

---

[198] https://www.bpb.de/themen/migration-integration/regionalprofile/deutschland/550949/auswanderung-aus-deutschland/ (Stand 15.01.2025).
[199] Quelle: Staatssekretariat für Migration (SEM) der Schweiz: https://www.sem.admin.ch/sem/de/home/publiservice/statistik/auslaenderstatistik/archiv.html (Stand 10.02.2025).

Abbildung 27 - Bestand deutscher Einwohner in der Schweiz, Quelle: SEM - https://www.sem.admin.ch/sem/de/home/publiservice/statistik/auslaenderstatistik/archiv.h tml Grafik: eigene, Bestand per 30.06.; Zeitraum jeweils von 01.07. bis 30.06 des Folgejahres.

Die Gesamtzahl der Deutschen in der Schweiz beläuft sich auf laut Staatssekretariat für Migration der Schweiz auf 314.505 Bürger[200] im Jahr 2022, fast drei Mal mehr als in Spanien.

---

[200] https://www.destatis.de/Europa/DE/Thema/Bevoelkerung-Arbeit-Soziales/Bevoelkerung/Deutsche_im_Ausland.html; https://www.sem.admin.ch/sem/de/home/publiservice/statistik/auslaenderstat istik/archiv.html (alle Stand 10.02.2025).

nach den zehn häufigsten Zielländern und nach Staatsangehörigkeit (2022)

	Deutsche
Zielland	Anteil (%)
Schweiz	14
Österreich	8,6
USA	6,6
Spanien	6
Frankreich	4,4
Türkei	4
Großbritannien	3,5
Polen	3,2
NL	2,6
Schweden	2,4

Abbildung 28 - Auswanderer aus Deutschland im Jahr 2022; Quelle Statistisches Bundesamt;
https://www.bpb.de/themen/migration-integration/regionalprofile/deutschland/550949/auswanderung-aus-deutschland/

Ist damit alles gesagt? Sicher nicht! Denn wie die Abbildung 28 zeigt gibt es noch zahlreiche andere Länder, die für Deutsche attraktiv sein können.

Diese Zahlen betreffen alle Formen der Auswanderer, die hier auch beschrieben wurden. Interessanter könnte da schon der Trend einer Gruppe sein, die vermeintlich über eine höhere Mobilität verfügt: „die Millionäre".

Damit werden auch globale Trends offen gelegt, besonders im Hinblick auf die individuelle Motivation.

Die nachfolgende Abbildung 29 stellt die Trends der Migrationsbewegungen von Millionären im Jahr 2024 in jeweils zehn Ländern im Zu- und Abfluß dar[201].

Allerdings ist es nicht möglich das Herkunftsland mit dem Zuzugsland in Verbindung zu bringen oder abzugleichen.

---

[201] Ebenso zu finden unter https://www.henleyglobal.com/publications/henley-private-wealth-migration-dashboard (Stand 04.02.2025).

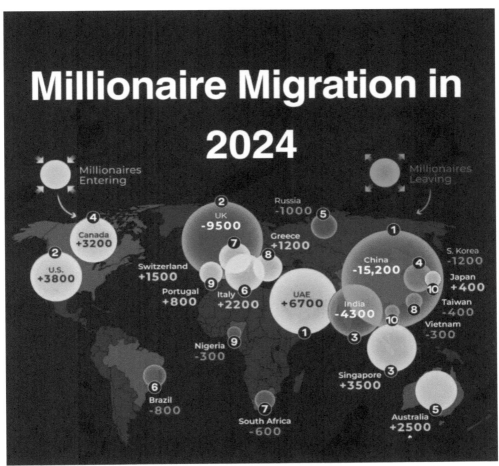

Abbildung 29 - Übersicht über Zu- und Abwanderung von Millionären im Jahr 2024; Quelle und Grafik: *https://www.masterworld.info/2024/06/millionaire-migration-in-2024.html* (Stand 05.01.2025)

Absolute Favoriten für den Zuzug als Zielland lassen sich global mit folgenden Zahlen aus der Abbildung 29 entziffern:

V.A.E.	**6.700**
USA	3.600
Singapore	**3.500**
Kanada	3.300
Australien	2.500
Italien	**2.200**
Schweiz	**1.500**
Griechenland	**1.200**
Portugal	**800**
Japan	400

Die fett hervorgehobenen Länder markieren diejenigen mit steuerlich interessanten Rahmenbedingungen für Zuzügler – auch mit „Residence by Investment" Programmen - und stellen 60% der hier aufgelisteten Länder dar.

Interessant ist in diesem Zusammenhang aber auch die Analyse der Wegzugsländer:

China	**15.200**
UK	9.500
Indien	4.300
Süd Korea	1.200

Russland	**1.000**
Brasilien	800
Süd Afrika	600
Taiwan	**400**
Vietnam	300
Nigeria	300

Diese liegt fast im Einklang mit den vom WEF genannten Sorgen zur Weltentwicklung in Abbildung 1.

Dabei fällt auf, dass die Anzahl der hier dargestellten Wegzügler um 30% höher liegt, als die der Zuzügler. Über 8.000 Personen mehr sind damit in den zehn genannten Ländern weggezogen, als dies in den Top 10 genannten Zuzugsländern der Fall ist. Klar wird damit, dass der Druck für den Wegzug in jedem Fall in einzelnen Ländern höher ist aber keinesfalls alle dem gleichen Trend folgen.

Ins Auge springt, dass über die Hälfte dieser Personen aus Regionen stammen, bei denen sich die Vermögensinhaber vermutlich bezüglich ihrer eigenen Rechte oder Zukunft besondere Sorgen machen. So jedenfalls die Interpretation aus zentraleuropäischer Sicht.

Diese Länder stellten zudem auch eine besondere Kundschaft für zweite Staatsbürgerschaften dar, da sie keinen Zugang zur Europäischen Union oder den USA haben.

Besondere Beziehungen haben Chinesen schon immer in Bezug auf Singapur, Kanada und Australien gehabt und haben damit mutmaßlich die Zuzugszahlen in diesen Regionen maßgeblich mitbestimmt.

Daneben können zahlreiche US-Amerikaner auch nach Canada gezogen sein, welches sich für Nordamerikaner einfacher öffnet.

Der Wegzug aus Großbritannien fällt deshalb zahlenmäßig so stark ins Gewicht, weil dort die Regelungen zur Besteuerung ab 2025 geändert werden. Hierbei handelt es sich erfahrungsgemäß nicht um britische Staatsbürger, sondern eher um internationales Klientel, das bislang vorrangig in London[202] gelebt hat[203].

Ein erster größerer Exodus aus London war zu verzeichnen, als durch den Ukraine-Krieg russische Staatsbürger unter Sanktionen fielen und damit ein Wohnsitz in Großbritannien nicht mehr attraktiv war. In 2024 und 2025 wird dann ein weiterer Effekt aus der Abschaffung der Sonderregelung zu beobachten sein.

Insgesamt etwa 75.000 Einwohner unterliegen immer noch der Res-Non-Dom[204] Besteuerung im Jahr 2024. Es wird eine Anzahl von Einwohnern geben, die in die neue Besteuerungsform im Jahr 2025 wechseln, aber interessant wird es sein, wohin es den anderen Teil der bisher in diesem Sonderregime befindlichen Personen zieht.

---

[202] Quelle: Ziffer 10 bei https://www.gov.uk/government/statistics/statistics-on-non-domiciled-taxpayers-in-the-uk/statistical-commentary-on-non-domiciled-taxpayers-in-the-uk--2#non-domiciled-taxpayers-by-region (Stand 04.02.2025).
[203] Siehe auch https://www.imidaily.com/europe/uk-lost-10800-millionaires-in-2024-as-non-dom-changes-spark-record-exodus/ (Stand 04.02.2025).
[204] Siehe oben Seiten 153ff..

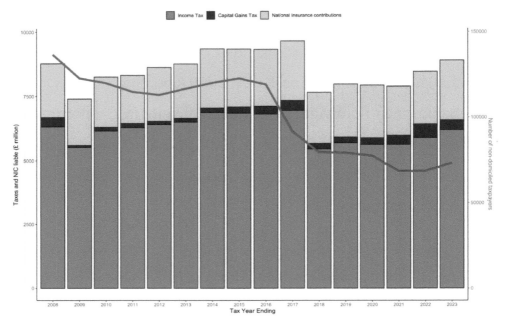

Abbildung 30 - Einkommenssteuer in Großbritannien, die von non-doms gezahlt werden und Anzahl der Res-Non-Dom Steuerpflichtigen Quelle: https://www.gov.uk/government/statistics/statistics-on-non-domiciled-taxpayers-in-the-uk/statistical-commentary-on-non-domiciled-taxpayers-in-the-uk--2#business-investment-relief-in-the-uk

Als Zentraleuropäer sind die Motivationen (siehe Seite 36), in andere Länder zu ziehen, in jedem Fall andere. Es gibt sicher keine „one-fits-all" Lösung. Dafür sind die Beweggründe zu unterschiedlich und zu individuell.

Bestes Beispiel dafür sind zahlreiche Unternehmer, die Deutschland nicht verlassen haben, auch nicht darüber nachdenken oder auch nur damit drohen. Durch die Pandemie und den Ukraine-Krieg wurde die Globalisierung durch „Nearshoring"-Ideen in Frage gestellt. Gleichzeitig sind strategische Überlegungen für die Lieferkettensicherheit notgedrungen an der Tagesordnung.

Die Einbindung in unternehmerische Aktivitäten und auch das soziale Umfeld machen einen Wegzug aus Deutschland um so schwieriger.

Der Optimaltyp

Am einfachsten ist es, für jemanden, der beispielsweise sein Unternehmen für einen guten Betrag verkauft hat und nun über eine signifikante Summe als freies Vermögen verfügt. Diese Person kann sich wirklich vor die Weltkarte setzen und planen. Da er über freies Vermögen verfügt, wird er auch vom deutschen Außensteuerrecht nicht erfasst werden. Andere Länder haben in diesem Zusammenhang noch ganz andere Regelungen zum Wegzug auf Lager.

Wenn er dazu ohne Partner und Kinder ist, ohne Verpflichtungen gegenüber seinen Eltern oder Dritten, dann wird es noch einfacher, weil er weniger sozialgebunden ist.

Dieser Typus ist nur von seinen eigenen Entscheidungen abhängig. Er muss sich um gar nichts kümmern. Hat er genügend Vermögen, so kann er es sich erlauben, auch mal eine längere Zeit nicht zu arbeiten. Vielleicht reicht sein Vermögen sogar dazu aus, ihn über die jährlichen Erträge daraus zu finanzieren.

Eine Fehlentscheidung kann in diesem Fall auch schnell korrigiert werden. Die Abhängigkeiten sind und bleiben sehr gering.

In der Abbildung 31 wird das „Auswanderer-Dilemma" mit den wesentlichen Abhängigkeiten dargestellt. Ergänzen können Sie das noch um die Thematik Sozialversicherung oder andere, Ihnen wichtige Aspekte.

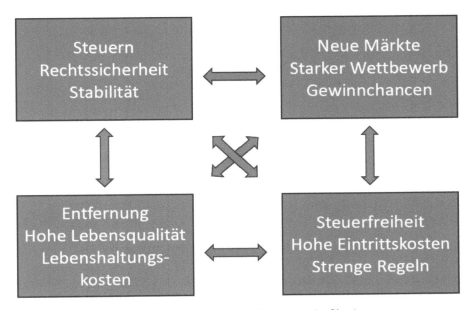

Abbildung 31 - Das "Auswanderer-Dilemma", Quelle: eigene, Grafik: eigene

Der Optimaltyp des Auswanderers kann sich eigentlich in jede der auf Seite 31 erwähnten Kategorien einordnen.

Er kann Globetrotter, Arbeitnehmer, Rentner, Expat oder Unternehmer bzw. eine Kombination sein. Dafür hat er die persönlichen und wirtschaftlichen Möglichkeiten.

Zwei der vorgenannten Kategorien, der Expat und der Globetrotter, stellen auch eine besondere Gruppe dar, die sich mit den hier vorgestellten Überlegungen eigentlich weniger auseinandersetzen müssen.

Der Globetrotter ist per Definition darauf aus, möglichst viel von der Welt reisend zu erleben, als Auszeit zwischen Studium und Beruf, als Sabbatical oder für eine gewisse Zeit, um dann später wieder „sesshaft" zu werden. Er ist gedanklich mobil und will eigentlich gar nicht eine solche Konsequenz tragen, wie sie mit einem permanenten Wegzug oder dem Auswandern verbunden ist. Er ist solange unterwegs, wie ihn seine Möglichkeiten tragen.

Der Expat verliert nie die Verbindung zu seiner Heimat. Er bleibt bei seinem Arbeitgeber angestellt und wird für eine gewisse Zeit in das Ausland entsandt. Es kann natürlich sein, dass bei Gefallen daraus mehr wird, aber es ist dann keine richtige Wahl sondern nur eine Fortsetzung einer aus anderen Gründen getroffenen Entscheidung. Und er konnte sich ja bereits mit diesem Umfeld auseinandersetzen. In der Regel werden die Überlegungen zur Sozialversicherung, zur Steuerlast usw. nur untergeordnet eine Rolle spielen, denn meistens wird der Arbeitnehmer mit ordentlichen Ausgleichszahlungen für die zu erwartenden Nachteile ausgestattet, er wird finanziell sicher nicht schlechter gestellt sein. Außerdem wird ihm auch vom Unternehmen steuerlicher Rat zur Verfügung gestellt, der die Sonderfragen im Sinne des Arbeitnehmers löst.

Als Arbeitnehmer, Rentner oder Unternehmer wird es eben interessanter, sich noch gestalterische Gedanken zu machen.

Ein Weg kann eine neben dem auf Seite 332 abgebildeten Fragebogen auch eine eigene Entscheidungsmatrix sein.

Eine solche ähnliche Matrix finden Sie hier in Abbildung 32 abgebildet. Hier steht zunächst das vorhandene Vermögen im Mittelpunkt.

Danach kommen zahlreiche individuelle Anforderungen, wobei die Definitionen von Ihnen selbst zu bestimmen sind.

Dies lässt sich am besten mit dem Stichwort „Sport" umschreiben: der eine möchte Schwimmen, der nächste Golf spielen, Reiten oder Tennis spielen. Je nach Ihren Vorlieben sehen Sie den Vor- oder Nachteil. Und damit gibt es keine allgemeingültige Antwort in jeder Kategorie.

Erreichbarkeit ist für den Einen die Anbindung an eine Autobahn, der Andere sieht die Notwendigkeit, einen Privatflieger zu nutzen, als normal an. Der Dritte stellt sich die Frage, wie die Erreichbarkeit in Sondersituationen (z.B. Pandemie) gegeben ist.

Diese Matrix kann aber auch anders aussehen, Sie entscheiden!

Ein weiteres Beispiel finden Sie auf Seite 325. Es geht um eine sehr technisch gehaltene Grenzwertberechnung oder einen Rentabilitätsvergleich der Wohnsitzwahl im weitesten Sinn. Sie können die hier angegebenen Parameter noch um

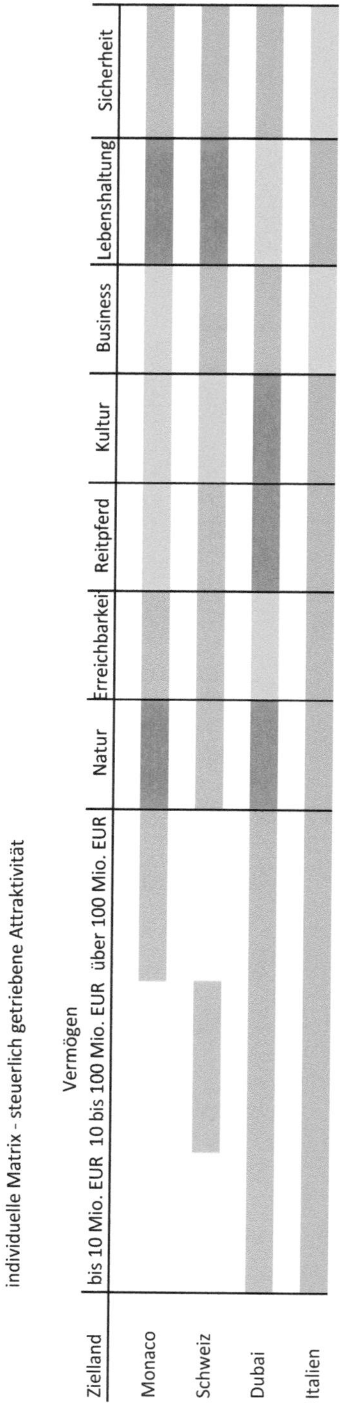

Abbildung 32 - Beispiel individuelle Entscheidungsmatrix, Quelle: eigene Recherche und Grafik

individuelle Matrix - steuerlich getriebene Attraktivität

Lebenshaltungskosten, Energiekosten, Krankenversicherung usw. erweitern.

Die Preise sind fiktiv auf Basis einer entsprechenden Recherche angenommen worden, aber der Einfachheit wegen wird eine Fläche von +/- 200m² Wohnfläche angenommen, die im oberen Segment ausgestattet ist, ohne absoluter Luxus zu sein.

Was ist der Grundgedanke dahinter? In Abhängigkeit von der aktuellen Situation wird die Rentabilität einer Wohnsitzwahl im Ausland im Verhältnis zur Steuerersparnis dargestellt.

Dazu kommen die weiteren individuellen Faktoren: Lebenshaltungskosten, Erreichbarkeit/ Transportkosten, Unternehmensstruktur usw.

Das Beispiel auf Seite 325 zeigt auf, dass der Wohnsitz in Berlin durch seinen günstigeren Erwerb als der einer Wohnung in Monaco über zehn Jahre hinweg vorteilhafter sein kann. Erst danach werden die Mehrkosten für die

Wohnung in Monaco durch die jährlichen Steuerzahlungen in Berlin in eine tatsächliche Steuerersparnis umgewandelt.

Unbeachtet bleibt dabei: eine mögliche Wertsteigerung der Immobilie, laufende Erhaltungsaufwendungen und der Unterschied in den Lebenshaltungskosten. Genauso unbeachtet bleiben die Risiken der Veränderung der Rahmenbedingungen auf steuerlicher Seite.

Die Überlegung, dass sich die Immobilie in Monaco in zehn Jahren im Wert fast verdoppelt, ist dabei genauso zulässig wie die Abschaffung der in Deutschland attraktiven Abgeltungssteuer. Bis es soweit ist, bleibt diese Einschätzung subjektiver Natur des Betrachters aber immer ein Risikofaktor.

In einem weiteren Schritt muss bedacht werden, was sind die Kosten oder Risken in diesem Fall nicht wegzuziehen oder eben gerade an den einen oder anderen Ort zu ziehen.

- Nachteilige Änderung der Rahmenbedingungen im Wegzugsland in Zukunft
- Künftige Steuererhöhungen

- Steigende Immobilienpreise im Zuzugsland
- Politische Veränderungen

Eine ähnliche Überlegung kann man auch anstellen, wenn man die Rahmenbedingungen für den Erwerb einer anderen Staatsbürgerschaft neben der eigenen bestehenden erfüllt.

Soweit mit der Staatsbürgerschaft keine negativen Konsequenzen verbunden sind, sollte man wirklich über den Erwerb ernsthaft nachdenken, erst recht wenn einem die damit zu erwerbenden Rechte heute noch nicht zu stehen. Im Verhältnis Drittstaat zu EU-Bürger gilt das in jedem Fall. Damit wird die Einreise und auch die wirtschaftliche Aktivität nicht eingeschränkt werden. Gegebenenfalls können auch Diskriminierungen von Drittstaatlern in der EU vermieden werden.

Bei dem Erwerb der US-Staatsbürgerschaft muss man bedenken, dass diese zahlreiche Nebenwirkungen hat: so wird die Einkommenssteuerpflicht weltweit an die Staatsbürgerschaft geknüpft und neben der Erklärung am Wohnort muss man noch eine Steuererklärung in den USA abgeben, unabhängig davon ob eine Steuerschuld entstanden ist oder nicht.

Die Entscheidungsmatrix eines Rentners sieht dann wieder anders aus. Für ihn stellt sich die Frage, wo erhält er das meiste für sein Geld und er seinen Lebensabend in einem attraktiven Umfeld genießen kann.

Daneben spielen die Renten und Pensionen auch noch eine Rolle bei der Einkommensbesteuerung. Der deutsche Rentner, der dauerhaft im Ausland lebt, muss je nach DBA seine staatliche Rente am Wohnsitz oder in Deutschland versteuern. Anders kann dies für private Renten oder Betriebsrenten aussehen. Die Hoffnung, hier durch einen Wegzug in das Ausland die Steuerlast zu senken, kann leider nicht genährt werden. Aber eine Einzelfallprüfung durch einen Spezialisten kann hier für Klarheit sorgen.

Bei der Krankenversicherung ist zu beachten, dass man meistens in den EU-Ländern weiterhin im Land aus dem die Rente gezahlt wird krankenversicherungspflichtig bleibt, solange man nicht im neuen Wohnsitzland aufgrund von

eigenen Rentenansprüchen oder Arbeit versicherungs-
pflichtig wird. Internationale Abkommen können auch für
andere Länder die Erstreckung der deutschen
Krankenversicherung in diese Länder vorsehen. Gibt es
solche Abkommen nicht, so muss man sich selbst um eine
Krankenversicherung kümmern.

Die Kosten für Wohnraum und Lebenshaltungskosten spielen
die hauptsächliche Rolle. Neben der Erreichbarkeit der
Heimat und der Gesundheitsfürsorge.

Eine sehr informative Übersicht zu diesen Fragen findet sich
im Anhang auf den Seiten 329 und 330. Ergänzt haben wir
auf Seiten 333 und 334 noch den Vergleich zum Tech City
Index und den führenden e-Government-Ländern, um eine
weitere Perspektive zu geben.

Wenn es also auf die günstigen Lebenshaltungskosten und
Mieten ankommt, dann sind Städte wie Bukarest, Budapest
oder Sofia sehr attraktiv.

Wie geht's los?

Sollte man einfach die Zelte abbrechen und an den neuen Ort ziehen?

Diese Vorgehensweise ist aus der Erfahrung heraus nicht zu empfehlen. Sollten Sie aufgrund der vorstehenden Ausführungen zum Schluss gekommen sein, auszuwandern, so denken wir, dass für eine Privatperson die Handlungsschritte - ohne Anspruch auf Vollständigkeit - etwa so aussehen können:

1)   Individuelle Zielsetzung definieren

2)   Evaluierung der Möglichkeiten oder Optionen

3)   Klären Sie mit Ihrem steuerlichen Berater die Konsequenzen

4)   Auswahl treffen (verschiedene Optionen)

5)   Ortsbesichtigung, gehen Sie mindestens für zwei oder drei Wochen an den Ort, der Sie interessiert – gegebenenfalls machen Sie das mehrfach, auch zusammen mit Ihrer Familie

6) Vergleichen Sie die Orte Ihrer Wahl, Treffen Sie eine Entscheidung

7) Können Sie sich gar nicht entscheiden, so mieten Sie erst einmal ein Feriendomizil am neuen Ort und verbringen mehr Zeit dort, ein verlängerter Sommerurlaub mit wöchentlichem Pendeln zeigt Ihnen die Praktikabilität Ihrer Vorstellungen

8) Klären Sie die aufenthaltsrechtlichen Fragen, Themen der Bankverbindung, Grundstückserwerb/ - miete

9) Mandatieren Sie einen vertrauenswürdigen Berater vor Ort, wenn u.a. die Erteilung der Aufenthaltsgenehmigung komplexer ist

10) Soweit die Wohnsituation und aufenthaltsrechtliche Fragen, inkl. Krankenversicherung geklärt sind können Sie mit den weiteren Vorbereitungen beginnen

11) Kündigung Ihrer aktuellen Wohnung, Verkauf der Immobilie

12) Wie lange dauert der Transport Ihrer Möbel an das neue Domizil

13) Gibt es Einfuhrmodalitäten (z.B. Freigrenzen für den Import von Wein etc, Fahrzeugen (Steuern, Abgaben, USt.)?

14) Planen Sie die Einreise, Ablauf etc.

15) Ziehen Sie um

16) Erfüllen Sie die Anmeldeformalitäten usw. am neuen Ort

17) Starten Sie

Diese Liste erweitert sich dann entsprechend, wenn Sie Arbeitsgenehmigungen, Anerkennung von Berufsabschlüssen, Kindergarten- oder Schulplätze usw. benötigen.

Zusammenfassung

Da steh' ich nun, ich armer Tor,
Und bin so klug als wie zuvor!
Heiße Magister, heiße Doktor gar,
Und ziehe schon an die zehen Jahr'
Herauf, herab und quer und krumm
Meine Schüler an der Nase herum –
Und sehe, dass wir nichts wissen können!

J.W. Goethe, Faust. Der Tragödie erster Teil

Frei nach Goethe könnte man wirklich meinen:

und jetzt?

Wir geben bewußt keine Liste der bevorzugten Länder für einen Wegzug an. Dafür ist jeder zu verschieden in seinen Plänen, Ansichten und Erwartungen.

Es gibt nicht die „one-fits-all"-Lösung.

Wir können nur Impulse und Lösungsansätze bieten, denn am Ende stehen Sie an Ihrem Wunschziel, nicht an unserem.

Vielleicht haben wir es auch geschafft, angesichts der zahlreichen, weltweit verfügbaren Informationen, deren Hintergründe und Interessenlage nicht immer ganz klar sind, Ihnen in neutraler Form ein wenig den Weg aufzuzeigen.

Sicher haben wir Ihnen Gedankenanstöße geliefert, die Ihre Positionen und Perspektiven im Heimatland aus einem anderen Licht zeigen.

Es darf nicht vergessen werden: Auswandern ich nicht mit wirtschaftlichem Erfolg gleichzusetzen.

Niedrigsteuern sind nicht gleich Reichtum.

Es braucht Konzepte, manchmal Kapital aber vor allem auch Ihr eigenes Engagement.

Oder es ist uns gelungen, Sie als Unternehmer für mehr internationale Aktivitäten zu begeistern, ohne gleich das Land zu verlassen.

Wenn Sie Wachstumsmärkte suchen, dann solle man heute nicht nur nach Asien schauen, sondern auch nach Südamerika oder Afrika. Die junge afrikanische Bevölkerung wächst und deren Vermögen genauso. Für Unternehmen bietet das exponentielle Wachstumsmöglichkeiten.

Was wäre, wenn Sie Ihren aktuellen Umsatz von 500 Mio. EUR in Deutschland oder Europa durch neue Märkte in Afrika auf 1,5 Mrd. EUR innerhalb von fünf Jahren steigern?

Möglicherweise müssen Sie sogar nicht einmal dort produzieren, sondern lediglich für Vertrieb und Wartung sorgen. Welchen Effekt hätte das auf Ihre wirtschaftliche Entwicklung und persönliche Unabhängigkeit?

Gleichzeitig muss man auch lernen, dass die selbst gewählte Abhängigkeit von einem oder zwei großen Märkten früher oder später in ein Desaster führen muss.

Wenn Sie ein Unternehmen kaufen, dann kaufen Sie das Unternehmen gerne, welches nur zu maximal 3 -4% von einem Kundenumsatz abhängig ist, also entsprechend breit aufgestellt ist.

Bei der Vermögensanlage soll man nicht alle Eier in einen Korb legen; hier gilt das gleiche Prinzip der regionalen, sektoralen, und währungsseitigen Diversifikation.

Die Ergebnisse der starken Fokussierung auf ein oder zwei Märkte - sogar wenn es bei der Entwicklung von Produkten nur für diese Märkte geht, denen dann die anderen folgen sollen – erleben wir heute.

Natürlich sind die „10 Trillion Dollar" Märkte Indien und China, wie Sie um 2012 bezeichnet wurden[205], immer noch entsprechend verführerisch. Was nützt es einem am Ende, wenn die in China hergestellte Maschine dann beim Export nach Indien blockiert wird und man die geplanten Umsätze mangels rechtzeitiger Lieferung nicht umsetzen kann?

Unternehmerisch ist Diversifikation eine Tugend.

Als Privatperson ist das schwieriger, weil Sie mit Ihrem neuen Wohnsitz sozusagen alles auf Zahl setzen. Ein

---

[205] Sehr informativ hierzu: „The $10 Trillion Prize – capitivating the newly affluent in China and India" von Silverstein, Singhi, Liao, Michael.

Scheitern kann für Ihre Familie und Sie ein Desaster sein. Alleine der Drang, Bürokratie und Steuern zu vermeiden, kann in diesem Zusammenhang kein guter Antrieb sein.

Genau aus diesem Grund haben wir dieses Buch geschrieben, um Ihnen Entscheidungswege aufzuzeigen und Sie zu unterstützen.

Gleichzeitig sollen Sie auch beruhigt sein, wenn Sie zu dem Ergebnis kommen, nicht weg zu ziehen und Ihre Lebensplanung entsprechend ausrichten.

Es ist keine Schande, sondern es kann wohl überlegt und rational sein, nicht weg zu ziehen.

Und jetzt sind Sie dran.

Viel Erfolg!

Nachwort

Nun, nachdem Sie sich durch dieses Buch durchgearbeitet (sic!) haben (oder aber, wie ich, das Nachwort gerne zuerst lesen), möchte ich einige Anmerkungen dazu machen.

In einer Zeit, in welcher der Trend zu Vereinfachungen und schwarz-weiß-Denken geht, ist dieses Werk geradezu ein Gegenentwurf zu Büchern, welche mit Checklisten die Welt in ihrer Komplexität gedanklich unangemessen reduzieren. Wenngleich das Buch mit solch einer Checkliste endet, hat man sich doch vorher durch das gesamte Feld an nicht nur Wissenswertem, sondern auch und vor allem Notwendigem gelesen, wenn es um den Traum vom Auswandern geht.

Dabei weist der Autor zu recht auf die Sehnsüchte hin, welche uns wohl allen bekannt sind; gleichwohl weist er indes jegliche allzu

309

romantische und unreflektierte Art ab, welche dieses ja ganz und gar existenzielle Thema betrifft. Vielmehr bietet er, ausgestattet mit stupendem Wissen über nahezu aller Herren Länder, einen Überblick über deren fiskalischen und administrativen sowie bürokratischen Besonderheiten und somit ein Arbeitsbuch zur Vorbereitung des Lebenstraums vom Auswandern, an.

Ja, es ist ein Angebot. Ein Angebot, selbst zu denken; ein Angebot, sich und seine Möglichkeiten selbst zu reflektieren; ein Angebot, seine Vision einem Realitäts-Check zu unterziehen. Hervorzuheben sind die mannigfaltigen Exemplifizierungen und die „Cluster" aus Beweggründen (Globetrotter, Arbeitnehmer, Expat, Unternehmer). Dass jeder Mensch einzigartig ist, dieser immer wieder zu erinnernden

Erkenntnis trägt das Buch Rechnung, in dem es eben nicht „die ach so einfache Lösung" anpreist.

Genau dies ist die Stärke dieses Buches, dass man fünf bis zehn Stunden „Lesearbeit" investiert und, als Philosoph sei mir dieser Hinweise gestattet, frei nach Immanuel Kant die „selbst verschuldete Unmündigkeit" locker überwindet. Das Paradox ist zumindest aus meiner Sicht, dass aus vermeintlicher Sicherheit über den Umweg einer partiellen Verunsicherung eine relative stabile wirkliche Sicherheit entstehen kann. Welch ein Trip.

Dieses Buch „funktioniert" nur, wenn Sie es mit Zetteln und Stiften be- und erarbeiten; Ihre (eben einzigartigen) Bedarfe damit abgleichen, offene Fragen vermerken, ggf. selbst weiterrecherchieren.

Es geht (vgl. S.36 ff.) um nicht weniger als um die zukünftige Lebensplanung. Vieles steht auf dem Spiel und guter Rat ist zunächst teuer. Preise sind immer zu zahlen; sie zu kennen, ist nachgerade lebensnotwendig. Wissen ist auch in diesem Kontext Macht.

Um diesem Nachwort dem Verdacht einer ganz undistanzierten Haltung zu nehmen, merke ich an, dass es Risiken und Nebenwirkungen gibt: so besteht die Gefahr einer Ernüchterung angesichts der Fülle an notwendigem Wissen zum Auswandern. Zudem ersetzt es nicht die Expertise von Kennern der jeweiligen Szenerie, denen man wiederum freilich nach intensiver Lektüre des Werkes nahezu auf Augenhöhe begegnen kann. Drittens ist das Buch (zugegebenermaßen ja notwendigerweise) finanz- und fiskallastig. Und viertens wären für meinen persönlichen Geschmack auch einige Hinweise auf „soft skills" der vorgestellten Länder (Lebensqualität, Sicherheit, Bildung, Klima, Communities, Sprache, Kulinarik, Infrastruktur, Religion u.a.)

jeweils aus Sicht von uns Hiesigen interessant gewesen. Doch vielleicht ist dies ja eine Idee für ein Nachfolgewerk des Autors, etwa über „blaueres Wasser" oder über „sandigere Strände".

Zum Untertitel abschließend eine kleine Einlassung: Eine Wiese ist immer so grün, wie sie Sonne und Regen bekommt und wenn sie nicht so grün wie die des Nachbarn zu sein scheint, so wachsen in ihr unter Umständen bald mehr Blumen.

Ich schließe mit dem vollkommen berechtigten Schlusswort des Buches: „JETZT SIE!"

Bensheim, 16. Februar 2025

Dr. Jochen König

Abbildungsverzeichnis

Schlagwortverzeichnis

Abkürzungsverzeichnis

AEU	Vertrag über die Arbeitsweise der Europäischen Union
AG	Aktiengesellschaft
AIG	Ausländer- und Integrationsgesetz (Schweiz)
AO	Abgabenordnung
AStG	Außensteuergesetz
BFH	Bundesfinanzhof
BMG	Bundesmeldegesetz
BMF	Bundesministerium für Finanzen
BStBl	Bundessteuerblatt
CHF	Schweizer Franken
CFC	Controlled Foreign Company
CIA	Central Intelligence Agency
DBA	Doppelbesteuerungsabkommen
EFTA	European Free Trade Association/ Europäische Freihandelsorganisation
ErbStG	Erbschaftssteuergesetz
EStG	Einkommensteuergesetz
EU	Europäische Union
EUR	Euro
EWR	Europäischer Wirtschaftsraum
FATCA	Foreign Account Tax Compliance Act
FATF	Financial Action Task Force
FDI	Foreign Direct Investments, Ausländische Direktinvestitionen
GG	Grundgesetz
GmbH	Gesellschaft mit beschränkter Haftung
GUS	Gemeinschaft Unabhängiger Staaten
GVO	Verordnung (EG) Nr. 883/2004 des Europäischen Parlaments und des Rates vom 29. April 2004 zur Koordinierung der Systeme der sozialen Sicherheit
ILO	International Labour Organization

KG	Kommanditgesellschaft
KStG	Körperschaftssteuergesetz
LGBTQ	Lesbian, Gay, Bisexual, Transgender and Queer
Ltd.	Limited
Mio.	Million/ Millionen
Mrd.	Milliarde/ Milliarden
NATO	North Atlantic Treaty Organization
OECD	Organisation for Economic Co-operation and Development/ Organisation für wirtschaftliche Zusammenarbeit und Entwicklung
PassG	Passgesetz
SaaS	Software as a Service
SZ	Kanton Schwyz
UG	Unternehmergesellschaft mit beschränkter Haftung
USA	United States of America, Vereinigte Staaten von Amerika
USD	US-Dollar
USP	Unique Selling Proposition, Alleinstellungsmerkmal
VAE	Vereinigte Arabische Emirate
VPN	Virtual Private Network
WEF	World Economic Forum

Anhang I - Rentabilitätsvergleich Wohnsitzwahl

Annahme: 100 Mio EUR Kapital - erzielt 5 Mio. Eink.

	Monaco	Dubai	ordentliche Best./ SZ Pfäffikon/ SZ	geschätzt Pauschal Thurgau	Pauschal Mailand	Pauschal Genua	ordentlich Abgeltungssteuer Berlin
Wohng mit 250m²	15.000.000,00 €	2.500.000,00 €	5.000.000,00 €	2.300.000,00 €	2.400.000,00 €	2.000.000,00 €	1.700.000,00 €
Besteuerung inkl. VSt	- €	- €	1.022.000,00 €	260.000,00 €	200.000,00 €	200.000,00 €	1.318.750,00 €

	Monaco	Dubai	ordentliche Best. Pfäffikon/ SZ	geschätzt Pauschal Thurgau	Pauschal Mailand	Pauschal Genua	ordentlich Abgeltungssteuer Berlin
Preisdifferenz zu Berlin	13.300.000,00 €	800.000,00 €	3.300.000,00 €	600.000,00 €	700.000,00 €	300.000,00 €	
Preisdifferenz zu Genua	13.000.000,00 €	500.000,00 €	3.000.000,00 €	300.000,00 €	400.000,00 €		- 300.000,00 €
Preisdifferenz zu Mailand	12.600.000,00 €	100.000,00 €	2.600.000,00 €	- 100.000,00 €		- 400.000,00 €	- 700.000,00 €
Preisdifferenz zu Thurgau	12.700.000,00 €	200.000,00 €	2.700.000,00 €		100.000,00 €	- 300.000,00 €	- 600.000,00 €
Preisdifferenz zu Pfäffikon	10.000.000,00 €	- 2.500.000,00 €		- 2.700.000,00 €	- 2.600.000,00 €	- 3.000.000,00 €	- 3.300.000,00 €
Preisdifferenz zu Dubai	12.500.000,00 €		2.500.000,00 €	200.000,00 €	100.000,00 €	500.000,00 €	800.000,00 €
Preisdifferenz zu Monaco		-12.500.000,00 €	-10.000.000,00 €	-12.700.000,00 €	-12.600.000,00 €	-13.000.000,00 €	-13.300.000,00 €

Steuerersparnis in Jahren zu Mehrpreis Immobilie

	Monaco	Dubai	Pfäffikon/ SZ	Thurgau	Mailand	Genua	Berlin
Berlin zu	10,09	0,61	11,12	0,57	0,63	0,27	
Genua zu	65,00	2,50	n.v.	n.v.	n.v.	n.v.	
Mailand zu	63,00	0,50	n.v.	n.v.	n.v.	n.v.	
Thurgau zu	48,85	0,77	n.v.	n.v.	n.v.	n.v.	
Pfäffikon zu	9,78	n.v.					
Dubai zu	nicht rechenbar		n.v.	n.v.	n.v.	n.v.	

Quelle: eigene Berechnungen, Grafik: eigene

Anhang II – Ease of Doing Business Index

Economy	globalRank	Rank within group	Starting a business	Dealing with construction
New Zealand	1	1	1	7
Singapore	2	2	4	5
Hong Kong SAR, China	3	3	5	1
Denmark	4	4	45	4
Korea, Rep.	5	5	33	12
United States	6	6	55	24
Georgia	7	7	2	21
United Kingdom	8	8	18	23
Norway	9	9	25	22
Sweden	10	10	39	31
Lithuania	11	11	34	10
Malaysia	12	12	126	2
Mauritius	13	13	20	8
Australia	14	14	7	11
Taiwan, China	15	15	21	6
United Arab Emirates	16	16	17	3
North Macedonia	17	17	78	15
Estonia	18	18	14	19
Latvia	19	19	26	56
Finland	20	20	31	42
Thailand	21	21	47	34
Germany	22	22	125	30
Canada	23	23	3	64
Ireland	24	24	23	36
Kazakhstan	25	25	22	37
Iceland	26	26	64	72
Austria	27	27	127	49
Russian Federation	28	28	40	26
Japan	29	29	106	18

Economy	globalRank	Rank within group	Starting a business
Spain	30	30	97
China	31	31	27
France	32	32	37
Turkey	33	33	77
Azerbaijan	34	34	9
Israel	35	35	28
Switzerland	36	36	81
Slovenia	37	37	41
Rwanda	38	38	35
Portugal	39	39	63
Poland	40	40	128
Czech Republic	41	41	134
Netherlands	42	42	24
Bahrain	43	43	67
Serbia	44	44	73
Slovak Republic	45	45	118
Belgium	46	46	48
Armenia	47	47	10
Moldova	48	48	13
Belarus	49	49	30
Montenegro	50	50	101
Croatia	51	51	114
Hungary	52	52	87
Morocco	53	53	43
Cyprus	54	54	50
Romania	55	55	91
Kenya	56	56	129
Kosovo	57	57	12
Italy	58	58	98

Economy	globalRank	Rank within group	Starting a business
Chile	59	59	57
Mexico	60	60	107
Bulgaria	61	61	113
Saudi Arabia	62	62	38
India	63	63	136
Ukraine	64	64	61
Puerto Rico	65	65	59
Brunei Darussalam	66	66	16
Colombia	67	67	95
Oman	68	68	32
Uzbekistan	69	69	8
Vietnam	70	70	115
Jamaica	71	71	6
Luxembourg	72	72	76
Indonesia	73	73	140
Costa Rica	74	74	144
Jordan	75	75	120
Peru	76	76	133
Qatar	77	77	108
Tunisia	78	78	19
Greece	79	79	11
Kyrgyz Republic	80	80	42
Mongolia	81	81	100
Albania	82	82	53
Kuwait	83	83	82
South Africa	84	84	139
Zambia	85	85	117
Panama	86	86	51
Botswana	87	87	159
Malta	88	88	86
Bhutan	89	89	103

Quelle: Weltbank,

https://archive.doingbusiness.org/en/rankings

Anhang III – Lebenshaltungskosten in Europa

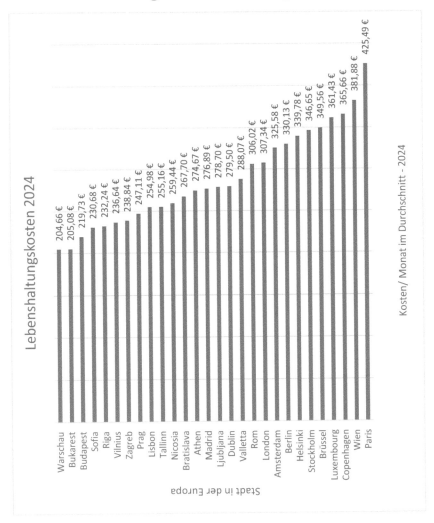

Quelle: https://www.bunq.com/digital-nomads/working-abroad-index,Grafik: eigene

Anhang IV – Überblick Wohnungskosten

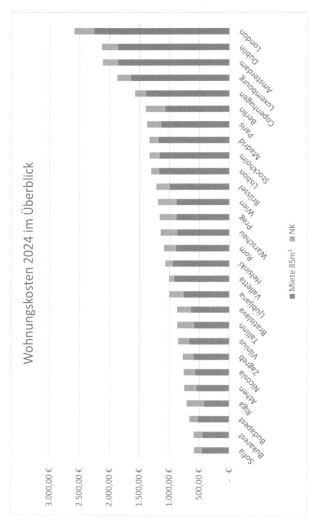

Quelle: https://www.bunq.com/digital-nomads/working-abroad-index; Grafik: eigene

Anhang V – Einkommenssteuervergleich Europa

Übersicht Steuerlast in verschiedenen europäischen Ländern

Einkommen		100.000,00 €
Vermögen		1.000.000,00 €
Alleinverdiener		
keine Kinder, keine Kirchensteuer		

Land	Kanton/ Regi	Ort			
Rumänien			6.504,00 €		2024
Bulgarien			8.800,00 €		
Schweiz	Schwyz	Wollerau	10.350,00 €	incl. VSt	2024
Kroatien			12.700,00 €		
Littauen			16.100,00 €		2024
Tchechien			17.664,00 €		
Schweiz	Zürich	Zürich	18.276,00 €	incl. VSt	2024
Slowakei			18.792,00 €		
Estland			20.273,44 €		2024
Frankreich			21.129,00 €		2024
Lettland			21.252,00 €		2025
Zypern			21.905,00 €		
Luxemburg			23.588,00 €		2025
Polen			24.661,00 €		
Großbritannien			24.907,00 €		2025
Malta			26.184,00 €		2024
Schweiz	Genf	Genf	28.935,00 €	incl. VSt	2024
Niederlande			28.999,00 €		
Finnland			30.071,00 €		2025
Griechenland			31.504,00 €		
Deutschland			32.413,00 €	incl. Soli	2025
Italien	Veneto		33.166,00 €		
Norwegen			33.560,00 €		
Österreich			34.059,00 €		2025
Schweden	Stockholm		34.800,00 €		2025
Dänemark	Kopenhagen		35.100,00 €		
Slowenien			37.492,00 €		
Belgien	Brüssel		41.607,00 €		2023
Spanien			42.305,00 €		

Quelle: eigene Recherchen, Basis zvE

Anhang VI – Eigen-Evaluierung

Fragebogen

	Bedeutung					
	hoch/ vorhanden				unwichtig/ nicht vorhanden	
	6	5	4	3	2	1

Private

Minderjährige Kinder, Schulpflicht						
gutes Bildungssystem						
Freitzeiaktivitäten in der Nähe						
Freizeit mit Tieren						
Pflegebedürftige Personen						
eigene Fremdsprachenkenntnisse						
Medizinische Versorgung						
Nähe zu Freunden						
Natur						
kulturelles Angebot						
warmes Wetter						
gemässigtes Wetter						
günstiger Wohnraum						
hochwertiger Wohnraum						
Rechtssicherheit						
persönliche Freiheitsrechte						
vertraute Rechtsordnung						
Altersgerechtes Umfeld						
Energiepreise						
einfaches Erbrecht						
geringe Erbsschaftssteuern						
Erreichbarkeit aus Deutschland						
geringe Lebenshaltungskosten						
	138	115	92	69	46	23

Vermögen

geringe persönliche Steuerlast						
geringe Sozialversicherungslast						
hohe Rechtssicherheit						
Eigentumsschutz/ -rechte						
	24	20	16	12	8	4

Unternehmer

geringe Steuerlast						
wenig Bürokratie						
Rechtssicherheit						
günstige Energie						
günstiges Personal						
qualifiziertes Personal						
wenige Handelsbeschränkungen						
Transportkosten						
Erreichbarkeit						
Zölle						
Entwicklungspotential vorhanden						
Produktentwicklung						
Attraktivität des Marktes						
Politisch stabiles Umfeld						
	84	70	56	44	28	14

Quelle: eigene Recherche

332

Anhang VII - 18 führende Länder in der E-Government-Entwicklung

Country	Rating class	Region	OSI	HCI	TII	EGDI (2024)	EGDI (2022)
Denmark	VH	Europe	0.9992	0.9584	0.9966	0.9847	0.9717
Estonia	VH	Europe	0.9954	0.9497	0.9731	0.9727	0.9393
Singapore	VH	Asia	0.9831	0.9362	0.9881	0.9691	0.9133
Republic of Korea	VH	Asia	1.0000	0.9120	0.9917	0.9679	0.9529
Iceland	VH	Europe	0.9076	0.9953	0.9983	0.9671	0.9410
Saudi Arabia	VH	Asia	0.9899	0.9067	0.9841	0.9602	0.8539
United Kingdom of Great Britain and Northern Ireland	VH	Europe	0.9535	0.9450	0.9747	0.9577	0.9138
Australia	VH	Oceania	0.9222	1.0000	0.9509	0.9577	0.9405
Finland	VH	Europe	0.9097	0.9836	0.9791	0.9575	0.9533
Netherlands (Kingdom of the)	VH	Europe	0.9212	0.9688	0.9715	0.9538	0.9384
United Arab Emirates	VH	Asia	0.9163	0.9436	1.0000	0.9533	0.9010
Germany	VH	Europe	0.9238	0.9672	0.9236	0.9382	0.8770
Japan	VH	Asia	0.9427	0.9117	0.9509	0.9351	0.9002
Sweden	VH	Europe	0.8836	0.9275	0.9868	0.9326	0.9410
Norway	VH	Europe	0.9117	0.9175	0.9654	0.9315	0.8879
New Zealand	VH	Oceania	0.9453	0.9615	0.8728	0.9265	0.9432
Spain	VH	Europe	0.9054	0.8961	0.9603	0.9206	0.8842
Bahrain	VH	Asia	0.9030	0.8680	0.9877	0.9196	0.7707

Sources: 2022 and 2024 United Nations E-Government Surveys.

Quelle: Vereinte Nationen,

https://publicadministration.un.org/egovkb/en-us/Reports/UN-E-Government-Survey-2024

Anhang VIII - Global Tech City Index

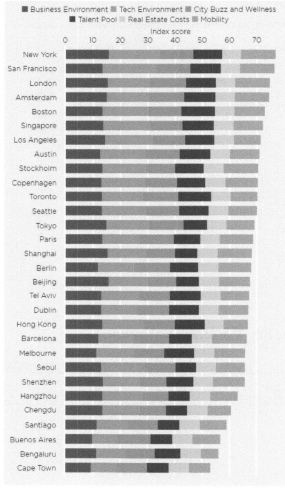

Source Savills World Research

Quelle: Tech Cities in Motion, Savill's World Research 2019

Anhang IX – Übersicht gesetzliche Urlaubs- und Feiertage in 189 Ländern der Welt

Land	Urlaubstage	Feiertage	gesamt
Iran	26	27	53
San Marino	26	20	46
Jemen	30	15	45
Andorra	30	14	44
Bahrain	30	14	44
Bhutan	30	14	44
Madagaskar	30	13	43
Monaco	31	12	43
Niger	30	13	43
Togo	30	13	43
Aserbaidschan	21	21	42
Kuweit	30	12	42
Mali	30	12	42
Peru	30	12	42
Rußland	28	14	42
Turkmenistan	30	12	42
Algerien	30	11	41
Äquatorial Guinea	30	11	41
Elfenbeiküste	26	15	41
Georgien	24	17	41
Guinea	30	11	41
Malediven	30	11	41
Panama	30	11	41
Dschibuti	30	10	40
Island	24	16	40
Kambodscha	18	21	39
Komoren	30	9	39
Moldavien	28	11	39
Oman	30	9	39
Irak	20	18	38
Malta	24	14	38
Marshall Inseln	30	8	38
Österreich	25	13	38
Schottland	28	10	38
Burkina Faso	22	15	37
Kasachstan	18	19	37
Zentralafrikanische Republik	24	13	37
Frankreich	25	11	36
Senegal	24	12	36

Land	Urlaubstage	Feiertage	gesamt
Spanien	22	14	36
Ukraine	24	12	36
V.A.E.	26	10	36
Afghanistan	20	15	35
Gabun	24	11	35
Lettland	20	15	35
Littauen	20	15	35
Luxemburg	25	10	35
Portugal	22	13	35
Sambia	24	11	35
Schweden	25	10	35
Slowakei	20	15	35
Süd Sudan	21	14	35
Ägypten	21	13	34
Albanien	20	14	34
Angola	22	12	34
Bangladesch	10	24	34
Dänemark	25	9	34
Gambia	21	13	34
Maritius	20	14	34
Sao Tome & Principe	26	8	34
Süd Afrika	21	13	34
Uganda	21	13	34
Zypern	20	14	34
Bulgarien	20	13	33
Kolumbien	15	18	33
Kroatien	20	13	33
Liechtenstein	20	13	33
Polen	20	13	33
Rumänien	20	13	33
Seychellen	21	12	33
Simbabwe	22	11	33
Slowenien	20	13	33
Tadschikistan	24	9	33
Weisrußland	24	9	33
Armenien	20	12	32
Italien	20	12	32
Kapverde	22	10	32
Kenia	21	11	32

Land	Urlaubstage	Feiertage	gesamt
Kirgistan	20	12	32
Namibia	20	12	32
Nord Mazedonien	20	12	32
Tschechei	20	12	32
Uruguay	20	12	32
Estland	20	11	31
Finnland	20	11	31
Guyana	12	19	31
Nepal	18	13	31
Neuseeland	20	11	31
Norwegen	21	10	31
Saudi Arabien	21	10	31
Serbien	20	11	31
Tonga	20	11	31
Ungarn	20	11	31
Argentinien	14	16	30
Barbados	15	15	30
Belgien	20	10	30
Bosnien Herzegovina	20	10	30
Guinea-Bissau	21	9	30
Jordanien	14	16	30
Lybien	30	0	30
Myanmar	10	20	30
Sierra Leone	19	11	30
Sri Lanka	14	16	30
Südkorea	15	15	30
Äthiopien	16	13	29
Deutschland	20	9	29
Irland	20	9	29
Mongolei	15	14	29
Niederlande	20	9	29
Ruanda	18	11	29
Schweiz	20	9	29
Timor Leste	12	17	29
Ghana	15	13	28
Haiti	15	13	28
Idonesien	12	16	28
Katar	18	10	28
Marokko	18	10	28

Land	Urlaubstage	Feiertage	gesamt
Montenegro	20	8	28
Pakistan	14	14	28
Sudan	20	8	28
Tschad	24	4	28
Türkei	14	14	28
Vereinigtes Königreich	20	8	28
Australien	20	7	27
Dominikanische Republik	14	13	27
Equador	15	12	27
Guatemala	15	12	27
Kamerun	18	9	27
Malawi	15	12	27
St. Kitts & Nevis	14	13	27
Venezuela	15	12	27
Bolivien	15	11	26
Dominika	14	12	26
El Salvador	15	11	26
Griechenland	20	6	26
Japan	10	16	26
Trinidad & Tobago	10	16	26
Vanuatu	15	11	26
Israel	16	9	25
Mauretanien	18	7	25
Somalia	15	10	25
St. Lucia	14	11	25
St. Vincent & Grenadinen	14	11	25
Usbekistan	15	10	25
Belize	10	14	24
Nicaragua	15	9	24
Nordkorea	14	10	24
Paraguay	12	12	24
Salomonen	15	9	24
Swasiland	12	12	24
Antigua & Barbuda	12	11	23
Botswana	15	8	23
Costa Rica	12	11	23
Laos	15	8	23
Papua Neuguinea	14	9	23
Surinam	12	11	23

Land	Urlaubstage	Feiertage	gesamt
Syrien	14	9	23
Tuvalu	12	11	23
Vietnam	12	11	23
Eritrea	14	8	22
Grenada	10	12	22
Honduras	10	12	22
Kuba	10	12	22
Lesotho	12	10	22
Brasilien	10	11	21
Congo (DR)	12	9	21
Jamaika	10	11	21
Liberia	10	11	21
Mosambique	12	9	21
Bahamas	10	10	20
Chile	15	5	20
Fiji	10	10	20
Samoa	10	10	20
Kanada	10	9	19
Malaysia	8	11	19
Thailand	6	13	19
Indien	15	3	18
Singapur	7	11	18
Tunesien	12	6	18
Libanon	15	2	17
Nigeria	6	11	17
Taiwan	7	10	17
China	5	11	16
Mexiko	6	8	14
Kiribati	0	13	13
Palau	1	11	12
Nauru	0	10	10
USA	0	10	10
Mikronesien	0	9	9

Stand der Daten: 2022; Quelle: https://resume.io/blog/which-country-gets-the-most-paid-vacation-days (10.02.2025), OECD, ILO